ZDROWE ODŻYWIANIE

w chorobie nowotworowej

Książka kucharska

ZDROWE ODŻYWIANIE
w chorobie nowotworowej

Książka kucharska

Penny Brohn
Cancer Care

i Christine Bailey

G+J książki

ZDROWE ODŻYWIANIE W CHOROBIE NOWOTWOROWEJ

Penny Brohn Cancer Care i Christine Bailey

Tytuł oryginału: *Nourish. The Cancer Care Cookbook*

First published in the United Kingdom
and Ireland in 2013 by Duncan Baird Publishers,
an imprint of Watkins Publishing Limited
Sixth Floor
75 Wells Street
London W1T 3QH

A member of Osprey Group

Managing Editor: Grace Cheetham
Editor: Jan Cutler
Managing Designer: Luana Gobbo
Production: Uzma Taj
Commissioned Photography: William Lingwood
Food Stylist: Emily Jonzen
Prop Stylist: Lucy Harvey

Wydanie polskie:
G+J Gruner+Jahr Polska
Sp. z o.o. & Co. Spółka Komandytowa
ul. Marynarska 15, 02-674 Warszawa
Dział handlowy: tel. 22 360 38 41-42
Sprzedaż wysyłkowa: tel. 22 360 37 77

Tłumaczenie: Ewa Kapilewicz
Redakcja: Dorota Sideropulu
Korekta: erte
Redaktor prowadzący: Małgorzata Zemsta
Redaktor techniczny: Mariusz Teler
Skład i łamanie: IT WORKS, Warszawa
Drukowano w Chinach

ISBN 978-83-7778-320-7

Nota wydawcy Informacje podane w tej książce nie są przeznaczone do zastępowania profesjonalnych porad medycznych oraz leczenia. W wypadku kobiet w ciąży, matek karmiących lub osób na specjalnych dietach doradza się, by przed zastosowaniem porad i wykonaniem któregokolwiek przepisu z tej książki zasięgnęły porady lekarza. Ani Watkins Publishing Ltd, ani żadna inna osoba, która brała udział w pracy nad tą książką, nie mogą wziąć odpowiedzialności za jakiekolwiek błędy lub przeoczenia, nieumyślne lub nie, które mogły znaleźć się w przepisach lub treści, ani też za żadne inne problemy, które mogą ewentualnie pojawić się w rezultacie realizacji któregoś z przepisów lub stosowania zawartych tu porad.

Uwagi do przepisów Jeśli w tekście nie ma innych zaleceń, to:
- Należy używać jajek, owoców i warzyw średniej wielkości.
- Gdzie to możliwe, należy używać produktów ekologicznych.
- Należy używać mięsa zwierząt karmionych trawą.
- Należy używać jajek z hodowli ekologicznych lub wolnego wybiegu.
- Należy używać mało solonych bulionów domowych lub w kostkach czy granulkach, bezglutenowych, bez dodatku produktów mleczarskich.
- Jeśli to możliwe, należy używać mięsa dzikiego łososia z Alaski.

W niektórych przepisach umieszczono alternatywnie zdrowe składniki. W miarę możliwości używajcie składników, tak jak zostało to zaznaczone: oleju kokosowego do gotowania, odżywczych płatków drożdżowych, surowego kakao w proszku lub w wiórkach zamiast zwykłego kakao lub czekolady.

Symbole dotyczą tylko przepisów, nie sugerują sposobu podania. Orzeszki piniowe sklasyfikowano jako orzechy. Miód, melasę, ksylitol i stewię jako cukier. Należy sprawdzać informacje producentów na opakowaniach, ponieważ zależnie od marki produktu składniki mogą się różnić, zwłaszcza małe ilości soi i cukru, ponieważ od producentów nie wymaga się szczegółowego podawania zawartości składników poza głównymi.

Podziękowania Penny Brohn Cancer Care dziękuje członkom zespołu: Wendy Burley, BA (Hons), DNTh, MBant, PGCert, Lead Nutritional Therapist; Dr Catherine Zollman, MRCP, MRCGP, Fellow in Integrative Medicine, Lead Integrative Doctor; Dr Eleni Tsiompanou, MD, Diploma in History and Philosophy of Medicine, MSc in Nutritional Medicine, Integrative Doctor. Specjalne podziękowania są dla donatorów: The Gerald Micklem Charitable Trust, The Cyril Corden Trust, The February Foundation, The Sir Charles Jessel Charitable Trust, The Coutts Charitable Trust. Wyrazy wdzięczności należą się również zespołom ds. żywienia i obsługi, a także kierownictwu Penny Brohn Cancer Care, którzy uczestniczyli w pracach nad tą książką, oraz wszystkim, którzy testowali przedstawione przepisy.

Spis treści

Nasze podejście całościowe 6

Dobrze jeść, dobrze żyć – żywność naturalna a nowotwory 10
- Łącznik między dietą a rakiem 12
- Nasze podejście do zdrowego odżywiania 16
- Siła w żywności, czyli gdzie szukać potrzebnych składników odżywczych 24
- Wsparcie w terapii i efektach ubocznych 30
- Utrzymanie zdrowej wagi 34
- Jak jeść dobrze 36
- Najczęściej zadawane pytania 42
- Jadłospisy tygodniowe 46

Szejki, soki, koktajle i śniadania 48

Zupy i lekkie dania 66

Dania główne 92

Desery i wypieki 118

Wsparcie dla ciała w czasie terapii 136
- Nudności 138
- Utrata apetytu i wagi 142
- Odporność 146
- Zmęczenie 150
- Problemy trawienne 154

Indeks 160

SYMBOLE GRAFICZNE

nie zawiera glutenu	nie zawiera ziaren i nasion
nie zawiera produktów mlecznych	bez dodatku cukru
nie zawiera sci	odpowiednie dla wegetarian
nie zawiera orzechów	odpowiednie dla wegan

Nasze podejście całościowe

Dobre odżywianie to prosty i skuteczny sposób, by wzmocnić naturalne siły obronne organizmu w walce z nowotworem. Naszym celem jest pomóc wam polubić odżywcze i wartościowe jedzenie i związany z tym styl życia. Nasza wiedza oparta jest na ponad trzydziestoletnim doświadczeniu we wspieraniu osób w tym, by mimo choroby nowotworowej dobrze im się żyło.

Od swego powstania w 1980 r. ośrodek Penny Brohn Cancer Care (*ośrodek wspierania osób chorych na nowotwory imienia Penny Brohn*) udzielił wsparcia dziesiątkom tysięcy osób, które zdecydowały się na praktykowanie tej metody i dokonanie prostych zmian w swoim stylu życia. Nasza metoda, która stała się znana jako „podejście bristolskie", to skuteczne połączenie wsparcia fizycznego, emocjonalnego, psychicznego i duchowego w celu niesienia pomocy każdej osobie dotkniętej rakiem i w każdym stadium choroby.

Działając równolegle do terapii medycznej, nasza filozofia zachęca chorych do budowania własnej odporności i zaprzęgania wrodzonych sił organizmu do odbudowania równowagi i dobrego samopoczucia (technicznym określeniem tego jest homeostaza). Jesteśmy wiodącą brytyjską organizacją dobroczynną działającą w tej specjalności.

Gdy w 1979 r. u Penny Brohn zdiagnozowano nowotwór, zapytała: „Czy jest coś, co mogę zrobić, by zwiększyć moje szanse na zdrowie?". Poszukiwanie odpowiedzi zaprowadziło ją i jej przyjaciółkę Pat Pilkington do ufundowania organizacji znanej dziś jako Penny Brohn Cancer Care. Jej filozofią było, by w radzeniu sobie z rakiem stosować podejście całościowe, widzieć całego człowieka – i ten cel przyświeca nam do dziś.

Książka *Zdrowe odżywianie w chorobie nowotworowej* jest dla osób dotkniętych tą chorobą, a także ich rodzin i przyjaciół – chociaż wiele z zawartych tu informacji dotyczy każdego, niezależnie od wieku czy stanu zdrowia. Ta książka to źródło przepisów, inspiracji i praktycznych informacji żywieniowych, które mogą zwiększyć wasze szanse na zdrowie.

W jaki sposób podejście całościowe wpływa na komórki rakowe?

Rak to szeroka grupa chorób. Jest ich wiele rodzajów i mają różne przyczyny. Mogą wpływać na nasze organizmy na wiele sposobów. Mówiąc w skrócie, każdy nowotwór zaczyna się w komórce, której DNA zostało zniszczone. Uszkodzona komórka szybko dzieli się, mnożąc i zajmując takie miejsca w organizmie, gdzie normalnie nie występuje.

Przyczyną raka często są uszkodzenia związane z wolnymi rodnikami, które powodują w organizmie tzw. stres oksydacyjny. Do rozwoju i rozprzestrzeniania się nowotwór używa procesów takich jak angiogeneza, a pewne stany w organizmie, na przykład stan zapalny, mogą mu to ułatwiać.

Dobrą wiadomością jest to, że nasz organizm został dobrze przygotowany do naprawiania uszkodzeń. Układ odpornościowy ma za zadanie chronić nas przed wszelkimi rodzajami „awarii", a wyspecjalizowane białe ciałka krwi mają wykrywać i niszczyć komórki rakowe. Sposób, w jaki rozwija się nowotwór, zależy od równowagi między uszkodzonymi komórkami a zdolnością układu odpornościowego do ich wykrywania i niszczenia. Podstawowym krokiem do tego, by nasze ciało stało się środowiskiem mniej przyjaznym dla nowotworów, jest więc wsparcie układu odpornościowego. Musimy dowiedzieć się, jak to zrobić. To szczególnie ważne w czasie kuracji przeciwnowotworowej, której częstym efektem ubocznym jest czasowe osłabienie funkcji obronnych.

Układ odpornościowy jest wrażliwy na zmiany w stanie fizycznym, emocjonalnym i psychicznym. Mogą się zdarzać okresy, w których wydaje się, że łapiecie każde przeziębienie, szczególnie jeśli żyjecie w stanie dużego napięcia nerwowego lub pracujecie od świtu do nocy. Dziś naukowcy już udowodnili, że białe ciałka krwi mogą być aktywowane lub dezaktywowane przez związki chemiczne produkowane w organizmie. Na przykład wydzielane w stresie adrenalina i kortyzol hamują funkcje odpornościowe, podczas gdy endorfiny – wytwarzane w czasie ćwiczeń fizycznych – je wzmacniają.

Na szczęście wiele czynników, które podtrzymują właściwą pracę układu odpornościowego, zapewnia też dobre samopoczucie, a więc trzeba wsłuchiwać się w swoje ciało i samemu znaleźć właściwą dla siebie równowagę.

Dobre odżywianie i regularne ćwiczenia fizyczne, panowanie nad stresem i emocjami, a do tego relacje z ludźmi i stosunek do spraw ważnych w waszym życiu, to wszystko może pomóc zwiększyć wasze szanse na zachowanie zdrowia.

PIERWSZE PROSTE KROKI W KIERUNKU PODEJŚCIA CAŁOŚCIOWEGO

- Jedzcie więcej żywności prostej, przede wszystkim warzyw i owoców, a mniej produktów przetworzonych.
- Starajcie się, by pięć razy w tygodniu ćwiczyć przez 20 minut, w dowolnej formie.
- Zastanówcie się, jakie jest główne źródło stresu w waszym życiu, i jeśli nie można go wyeliminować, stosujcie regularnie techniki medytacji lub relaksacji, by zmniejszyć skutki stresu dla zdrowia.
- Zapewnijcie sobie wsparcie do wyrażania emocji, gdy to konieczne, na przykład kontakt ze specjalistą opieki onkologicznej, waszym lekarzem, pomoc konsultacyjną, grupę wsparcia, przyjaciół lub rodzinę czy nawet forum dyskusyjne online albo prowadzenie dziennika.
- Codziennie zróbcie przynajmniej jedną małą rzecz, która podniesie was na duchu lub każe myśleć o sprawach dla was ważnych.

Czy zmiana trybu życia naprawdę może wpływać na rozwój nowotworu?

Badacze, którzy analizowali podejście całościowe, odkryli, że gdy człowiek je zdrowiej, regularnie ćwiczy i stara się łagodzić stres i emocje, nowotwór czasami może stać się mniej aktywny lub nawet zmniejszyć wielkość. Dowody potwierdzają, że taka zmiana stylu życia przynosi korzyści i może zwiększyć przeżywalność osób z chorobą nowotworową.

Te wyniki w żaden sposób nie sugerują, że terapia medyczna nie jest potrzebna, albowiem takie podejście może działać jeszcze skuteczniej, gdy połączy się je z konwencjonalnym leczeniem. Zwracają uwagę na potencjalne korzyści, jakie podejście całościowe może przynieść wielu milionom ludzi żyjącym z rozpoznanym nowotworem.

Wy, jedzenie i *Zdrowe odżywianie w chorobie nowotworowej*

Dla wielu ludzi pierwszym krokiem w radzeniu sobie z rakiem jest poprawa odżywiania, a ta książka kucharska w tym właśnie pomaga. W naszym podejściu mieści się jednak więcej niż tylko jedzenie, które spożywacie. Korzyści, jakie możecie odnieść z dobrego odżywiania, zależą od wielu czynników, na przykład połykanie posiłków w biegu sprawia, że dopływ krwi do układu trawienia nie będzie dostateczny, a więc nawet jeśli zjecie coś zdrowego, wasz organizm może nie być w stanie wyciągnąć z tego pożytku, zmniejszając wartość odżywczą. Podobnie będzie, gdy martwiąc się o zdrowie, nie wysypiacie się albo kłócicie się z rodziną lub też zaniedbujecie ćwiczenia – wtedy również ogólna korzyść z dobrego odżywiania może się zmniejszyć. Co więcej, gdy jesteście zmęczeni, zestresowani lub ogarnia was depresja, bardziej prawdopodobne staje się, że sięgniecie po smakołyki, które zazwyczaj zawierają dużo cukru, soli i niezdrowych tłuszczów, czyli tych właśnie produktów, które osłabiają zdolność organizmu do gojenia się.

Powstaniu książki *Zdrowe odżywianie w chorobie nowotworowej* przyświecała intencja, żeby wspomóc was w zaakceptowaniu zdrowego odżywiania jako stylu życia. Wprowadzamy was krok po kroku w zasady naszego podejścia, na każdym etapie wyjaśniając, dlaczego sugerowany zestaw pokarmów ma wpływ na sposób, w jaki wasz organizm jest zdolny do radzenia sobie z komórkami nowotworowymi i terapią przeciwrakową. W rozdziale „Łącznik między dietą i rakiem" (strona 12) wyjaśniamy, na czym polegają naukowe elementy w naszym podejściu i co to dla was oznacza od strony praktycznej. W „Jak zjeść dobrze" (strona 36) umieściliśmy rady, jak planować, przygotować i spożywać posiłki w zrelaksowany sposób. Są tam również podpowiedzi, jak upewnić się, że przewód pokarmowy optymalnie pracuje, by wyciągnąć jak najwięcej pożytku z pożywienia.

Mamy nadzieję, że czytając i wykorzystując *Zdrowe odżywianie w chorobie nowotworowej* w praktyce, znajdziecie inspirację, by dobrze się bawić, eksperymentując z nowymi pomysłami, nowymi pokarmami i nowymi sposobami ich spożywania. Nauczycie się, jak zwiększyć swoją odporność na nowotwór, a także korzystając z naszych przepisów, nabierzecie pewności, że pora posiłków to codzienna okazja, by wzmocnić się i dobrze żyć.

Bon appétit!

Dobrze jeść, dobrze żyć – żywność naturalna a nowotwory

W tej części zapoznamy was z rozumowaniem, które stanowi podstawę naszej filozofii w Penny Brohn Cancer Care, a także sposobami na życie z rakiem i radzenie sobie z ewentualnymi skutkami ubocznymi terapii. Znajdziecie tu informacje o produktach żywnościowych i odżywianiu, a także o tym, jak mogą one wspierać wasz organizm. Spisaliśmy także dobroczynne właściwości różnych produktów, które polecamy do częstego jedzenia. Umieszczone na końcu rozdziału dzienne jadłospisy, opracowane na bazie przepisów z naszej książki, pomogą zdecydować, jaki zestaw dań najbardziej wam odpowiada. Menu przygotowane na każdy dzień zapewnia dostarczenie odpowiednio dobranych i zrównoważonych składników odżywczych w szerokim wyborze zdrowych produktów i przypraw.

Po lewej: Sardynki zapiekane z limonkami i kokosem (strona 80/81)
Powyżej: Sałatka z jarmużu z prażonymi ziarnami (strona 86/87)

Łącznik między dietą a rakiem

Liczba przypadków raka rośnie i szacuje się, że 50 procent żyjących dziś ludzi będzie miało zdiagnozowany nowotwór w czasie swego życia. W 2007 r. eksperci z World Cancer Research Fund i z American Institute for Cancer Research przebadali dostępne dane i przyznali, że dieta jest najistotniejszym czynnikiem odpowiedzialnym za ten masowy wzrost zachorowań. Możliwe, że odpowiada nawet za 35 procent wszystkich nowotworów – a więc niesie ze sobą ryzyko nawet większe niż palenie papierosów. Badacze opracowali jasne wskazania: starać się być szczupłym, ale nie poniżej normy wagowej, unikać słodkich napojów, jeść różnorodne zdrowe pokarmy głównie pochodzenia roślinnego, jeść mniej mięsa czerwonego i przetworzonego, ograniczyć spożycie alkoholu i soli.

Do zrozumienia, dlaczego dieta ma tak duże znaczenie, pomocna jest wiedza o tym, jak nowotwór się rozwija. Wykorzystuje on niezdrowe stany w organizmie i rozprzestrzenia się za pomocą wyrafinowanych metod. Niektóre z tych stanów i procesów objaśniamy poniżej, tak jak i to, dlaczego dobra żywność może pomóc was chronić.

Dlaczego tak ważne jest unikanie stanów zapalnych

Uporczywe stany zapalne, obrzęki lub zaczerwienienia tworzą środowisko sprzyjające rakowi na każdym etapie jego rozwoju, a więc pokarmy, które pomagają je zmniejszyć, mają duże znaczenie. Jeśli do swojej diety wprowadzicie więcej kwasów tłuszczowych omega-3 (znajdują się w tłustych rybach), a mniej nienasyconych kwasów tłuszczowych omega-6 (znajdują się w wielonienasyconych tłuszczach używanych do gotowania jak olej słonecznikowy i roślinny, a także w margarynach i żywności przetworzonej), to pomożecie organizmowi zmniejszyć stany zapalne. Błonnik, witaminy i inne przeciwutleniacze znajdujące się w owocach, warzywach i pełnych ziarnach również mogą je łagodzić. Co więcej, ostatnie badania wskazują, że kwasy tłuszczowe omega-3 mogą wzmacniać przeciwnowotworowe działanie Tamoxifenu, środka stosowanego w leczeniu raka sutka.

Z drugiej strony tłuszcze typu trans (znajdują się w margarynie i żywności przetworzonej) oraz nadmiar kwasów tłuszczowych omega-6 mogą wzmagać stany zapalne. Nie tylko więc przyczyniają się do powstawania korzystnych warunków dla nowotworu, ale też do chorób serca, miażdżycy, zespołu metabolicznego i innych stanów chronicznych.

Poza tym produkty o wysokim indeksie glikemicznym (GI) i ładunku glikemicznym (GL) tworzą w organizmie środowisko sprzyjające stanom zapalnym. Indeks glikemiczny i ładunek glikemiczny to sposób mierzenia, jak szybko węglowodany z pożywienia rozkładane są do glukozy we krwi. Białe pieczywo, biały ryż (z wyjątkiem basmati), większość zbóż i produktów zawierających cukier to niektóre rodzaje żywności o wysokich wartościach GI i GL. Ułatwiają one powstawanie stanów zapalnych lub je nasilają.

Większość ludzi lubi cukier, nie jest więc łatwo zaakceptować fakt, że szkodzi on zdrowiu. A jednak istnieje wiele wspólnego między cukrem, stanem zapalnym a rozwojem nowotworu (patrz też „Skutki nierównowagi hormonalnej i insulinoodporności" na stronie 14), co tłumaczy, dlaczego ograniczenie jego spożycia stanowi ważny krok do ochrony zdrowia.

Kluczową rolę w zmniejszaniu stanów zapalnych ma natomiast witamina D. Organizm potrafi ją wytwarzać pod wpływem codziennej ekspozycji skóry na promienie słoneczne, oczywiście bez poparzeń. Wśród pokarmów bogatym źródłem tej witaminy są tłuste ryby, skorupiaki, żółtka jajek, grzyby i masło.

Produkty żywnościowe, które kontrolują wzrost komórek rakowych

Komórki rakowe używają angiogenezy (procesu tworzenia nowych naczyń krwionośnych), by zaopatrywać się w tlen i substancje odżywcze konieczne do rozwoju. Angiogeneza to naturalny proces w organizmie. Ale w stanach nowotworowych tempo tworzenia się nowych naczyń jest nienormalnie szybkie. Naukowcy odkryli, że niektóre naturalne produkty żywnościowe mogą pomagać hamować ich powstawanie, i aktualnie prowadzą badania nad ewentualnym terapeutycznym ich wykorzystaniem. Tak więc, wprowadzając do diety takie składniki jak szalotki, czosnek, soja, warzywa kapustne, cytrusy, przyprawy, zieloną herbatę i różne zioła, możecie czerpać korzyści z ich antyangiogennych właściwości, tym samym pomagając osłabić tempo tworzenia się nowych naczyń krwionośnych, dzięki którym komórki rakowe się rozrastają.

Opóźnianie podziału komórek

Komórki nowotworowe mają tendencję do szybkiego rozmnażania się, ale niektóre pokarmy potrafią je powstrzymać poprzez ingerencję w proces podziału. Na przykład indolo-3-karbinol (I3C) wstrzymuje podział komórek nowotworowych, nie wpuszczając enzymu zwanego elastazą. I3C znajduje się w warzywach kapustnych, a więc jedzenie na przykład kapusty, kalafiora i brokułów obniża wskaźnik namnażania się komórek rakowych.

Nasze geny a styl życia

Powszechne jest przekonanie, że to geny określają ryzyko zachorowania na raka i że jest ono zakodowane w naszym DNA już w momencie urodzenia. W rzeczywistości czynniki dziedziczne powodują zaledwie 5–10 procent nowotworów. Badania prowadzone w ramach stosunkowo nowej dziedziny biologii, epigenetyki, pokazują, w jaki sposób na geny, które dziedziczymy, wpływają takie czynniki jak styl życia, dieta i różne wydarzenia. Można zobaczyć, że geny nie zawsze określają naszą przyszłość, a to, jaki prowadzimy tryb życia, może mieć wielkie znaczenie w kontroli nad nimi. Na przykład dieta bogata w kwas foliowy, który znajduje się w zielonych warzywach, pomaga zachować prawidłowe procesy epigenetyczne i odporność na formowanie się i rozprzestrzenianie komórek rakowych.

Skutki nierównowagi hormonalnej i insulinoodporności

Rozwój nowotworu może również być stymulowany zaburzeniami hormonalnymi. Najbardziej widoczne jest to w przypadku nowotworów niektórych gruczołów, jak rak sutka czy prostaty. Ryzyko pojawienia się tych nowotworów, a także raka endometrium, okrężnicy, trzustki i nerek zwiększa się również w przypadku nadwagi lub otyłości.

Otyłość prowadzi też do insulinoodporności. Dzieje się tak, gdy organizm nie toleruje już wysokich poziomów glukozy, powodując wzrost poziomu insuliny. Dla wielu komórek, szczególnie tych w okrężnicy, insulina działa jak bodziec do rozwoju, a gdy komórki rosną poza kontrolą, mogą w nich nastąpić zmiany rakowe. W zaawansowanej chorobie nowotworowej insulinoodporność przyczynia się do utraty wagi i osłabienia.

Utrzymywanie prawidłowej wagi jest więc ważnym czynnikiem ochrony przed nowotworami gruczołów, insulinoodpornością oraz innymi chorobami przewlekłymi.

Niszczące skutki stresu dla organizmu

Produkcja wolnych rodników to normalna reakcja chemiczna zachodząca w organizmie, jednakże życie we współczesnym świecie powoduje, że jest ona większa, a to za sprawą takich czynników jak choćby palenie papierosów i picie alkoholu, a także zanieczyszczenie środowiska oraz stres. Gdy organizm ma do czynienia ze zbyt dużą ilością wolnych rodników, nie jest w stanie ograniczyć powodowanych przez nie uszkodzeń komórek, co z czasem się nawarstwia. W rezultacie dochodzi do tak zwanego stresu oksydacyjnego, który prowadzi do powstawania nowotworu i jego rozwoju. Najnowsze badania sugerują, że komórki rakowe mogą celowo powodować stres oksydacyjny wokół siebie, żeby niszczyć te normalne i kraść ich pożywienie.

Przeciwutleniacze są naturalną miotłą, która wymiata wolne rodniki i zmniejsza ich niszczące skutki. Szkody powodowane przez wolne rodniki można ograniczyć, wprowadzając do diety pokarmy bogate w antyoksydanty, takie jak witaminy C i E, a także selen i cynk. Należy ich szukać przede wszystkim w żywności pochodzenia roślinnego, w warzywach, owocach, ziarnach i orzechach. Cynk i selen znajdują się także w mięsie i owocach morza.

Nasze podejście do zdrowego odżywiania

U podstawy wypracowanego przez Penny Brohn Cancer Care podejścia do zdrowego żywienia leży przekonanie, że najlepsza jest żywność w stanie naturalnym. Dieta, w skład której wchodzą wszystkie rodzaje pożywienia, złożona ze świeżych nieprzetworzonych produktów, utrzyma was w najlepszym możliwym zdrowiu. Zalecamy dietę opartą przede wszystkim na pokarmach roślinnych, warzywach i owocach, pełnych ziarnach, strączkowych, orzechach, nasionach, ziołach i przyprawach. Zalecamy również nieco produktów zwierzęcych jako uzupełnienie, jednak w mniejszych ilościach.

Ekologiczne czy nie?

Jeśli chcecie, możecie wybierać produkty ekologiczne, szczególnie zwierzęce. Za jedzeniem żywności ekologicznej przemawiają dwa argumenty: że w tego rodzaju produktach jest niższy poziom pozostałości potencjalnie szkodliwych substancji oraz że zgodnie z wynikami badań mogą mieć większą zawartość korzystnych składników odżywczych. Żywność ekologiczna jest droższa i nie zawsze szeroko dostępna, w posiłkach można więc łączyć oba rodzaje produktów. Najważniejsze, żeby jeść pokarmy różnorodne i nieprzetworzone.

Podstawy żywienia w kilku słowach

Zasady diety chroniącej przed nowotworami sprowadzają się do: równowagi, różnorodności, koloru i umiaru. Należy jeść w zrównoważony sposób produkty z różnych grup i w ramach grup wybierać różnorodne pokarmy - dobrym wskaźnikiem wartości odżywczych waszego jedzenia jest kolor. Im większa różnorodność barw, tym większa wartość odżywcza.

Jak wybrać to, co położycie na talerz

Możliwe, że wasz talerz będzie wyglądać nieco inaczej, niż dotychczas przywykliście. Większość zdrowego posiłku powinna składać się z warzyw i również innych pokarmów roślinnych (owoce, pełne ziarna, strączkowe i nasiona). Będzie tam również trochę białka w postaci produktów zwierzęcych lub strączkowych. Białko w pożywieniu jest konieczne do budowy i utrzymania komórek, a dodatkowo pomaga regulować uwalnianie cukru do krwiobiegu. Każdy

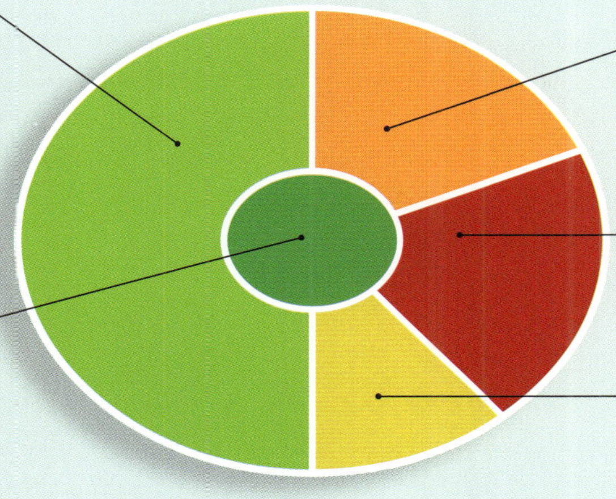

człowiek potrzebuje także zdrowych tłuszczów, a więc również trzeba je umieścić na talerzu w postaci olejów roślinnych, orzechów i nasion lub masła. Na koniec dodatek ziół i przypraw do posiłku wydobędzie z jedzenia aromat i pozwoli w jak największym stopniu skorzystać z jego silnego działania prozdrowotnego.

Smakołyki też mają swoje miejsce

Jeśli w 90 procentach będziecie przestrzegać zaleceń zdrowego żywienia, to jakiś smakołyk od czasu do czasu nie zrobi wielkiej szkody. Po pewnym czasie stosowania zdrowej diety większość ludzi odkrywa, że zmienia im się smak i teraz już wolą produkty nieprzetworzone. Więc i wam może się zdarzyć, że to, co uważaliście za przysmak, teraz już nie kusi tak jak kiedyś.

Samokontrola

Na następnych stronach znajdziecie proste, ogólne wskazówki, które pomogą ustalić spożycie różnych substancji w diecie i ocenić, czy powinniście zwiększyć ilość pewnych produktów, a zmniejszyć innych. W niektórych przypadkach pewne pokarmy mogą okazać się ważniejsze od innych. Potrzebna wam zatem będzie umiejętność takiego dostosowywania swoich posiłków, by zachować właściwą równowagę.

Pokarmy, które należy jeść codziennie

Do codziennego jadłospisu wstawcie następujące rodzaje pokarmów, wybierając spośród różnorodnych propozycji w tablicy „Siła w żywności” na stronach 24-29.

WARZYWA I OWOCE Wiele badań naukowych wykazało, że warzywa i owoce mogą być pomocne w zapobieganiu nowotworom. Zawierają również substancje, które ogólnie dobrze wpływają na zdrowie, w tym błonnik, witaminy, minerały i inne składniki odżywcze.

Zalecamy osiem porcji świeżych warzyw i dwie do trzech porcji owoców codziennie. Wybierajcie różne, z całej gamy kolorów, by zapewnić sobie pełen zestaw ważnych roślinnych substancji odżywczych. Prostym sposobem na oszacowanie wielkości jednej porcji warzyw lub owoców jest użycie jako miary własnej dłoni złożonej w miseczkę.

POKARMY PROTEINOWE Jedną z najważniejszych ról, jaka przypada proteinom w diecie, jest wspieranie organizmu w „samonaprawie”. Dostateczna ilość protein w pożywieniu to podstawa, gdy komórki są uszkodzone z powodu choroby, ran, operacji i nawet pewnych terapii. Organizm potrzebuje białka także do utrzymywania w zdrowiu układu odpornościowego i ochrony przed infekcjami.

My zalecamy, żeby proteiny były w każdym posiłku. Ogólnie rzecz ujmując, zalecamy produkty zwierzęce średnio od pięciu do sześciu razy w tygodniu - jajka lub mieszczące się w dłoni porcje mięsa, drobiu lub ryby. Pokarmy pochodzenia zwierzęcego są dobrym źródłem protein. Polecamy szczególnie białe mięso, chude mięso czerwone lub dziczyznę, ryby i jajka. Najlepiej jeść różne rodzaje białka zwierzęcego i roślinnego, gdyż mają inne właściwości. Jeśli wybraliście dietę wegetariańską, upewnijcie się, że regularnie spożywacie pokarmy będące dobrym źródłem białka roślinnego - strączkowe, orzechy i nasiona - a także wysoko proteinowe zboża, takie jak quinoa (komosa ryżowa).

STRĄCZKOWE Do strączkowych zalicza się różne odmiany fasoli, soczewicy i grochu. W porównaniu z innymi roślinami jadalnymi zawierają relatywnie dużo białka, a także są dobrym źródłem błonnika, witamin, minerałów i substancji fitochemicznych, w tym fitoestrogenów.

Zalecamy spożywanie różnorodnych roślin strączkowych, gotowanych lub kiełkowanych – kiełkowanie zwiększa wartości odżywcze. Jeśli jednak ktoś ma delikatny przewód pokarmowy, lepiej jeść ich mniej.

PEŁNE ZBOŻA Nieczyszczone ziarna zbóż zawierają błonnik, witaminy z grupy B, witaminę E i cały zestaw minerałów oraz nienasyconych kwasów tłuszczowych.

Wskazane są różnorodne pełne ziarna, wśród nich quinoa (komosa ryżowa), proso, jęczmień, gryka i żyto, a także orkisz (o mniejszej zawartości glutenu niż pszenica), pszenica, ryż i owies. Jeśli ktoś nie je produktów zwierzęcych, powinien łączyć ziarna ze strączkowymi.

ZDROWE TŁUSZCZE Organizm potrzebuje tłuszczów do przyswajania niektórych składników odżywczych, takich jak na przykład rozpuszczalne w nich witaminy i minerały. Tłuszcze wspierają też pracę mózgu i prowadzą do poprawy w insulinoodporności. Do zdrowych tłuszczów zaliczamy te z oliwek, kokosa, orzechów i nasion (najlepiej tłoczonych na zimno, ponieważ proces obróbki niszczy zdrowe tłuszcze), a także z warzyw zielonolistnych. Zawierają je również produkty zwierzęce, a tłuste ryby są dobrym źródłem kwasów tłuszczowych omega-3.

Polecamy zarówno tłuszcze nienasycone, jak i nasycone, chociaż te ostatnie z mięsa i tłustych produktów mlecznych powinny odgrywać w diecie znacznie mniejszą rolę niż nienasycone pochodzące z warzyw, orzechów, nasion i tłustych ryb. W przeciętnej diecie Zachodu często brakuje kwasów tłuszczowych omega-3. Warto więc codziennie jeść produkty je zawierające: siemię lniane, orzechy włoskie, nasiona konopi i wyciskane z nich oleje, tłuste ryby, mięso ze zwierząt karmionych trawą oraz jajka od kur z wolnego wybiegu.

Rozgrzewanie tłuszczów do wysokiej temperatury może je niszczyć, dlatego należy je tylko trochę podgrzać. Bardziej odporne na wysoką temperaturę są tłuszcze nasycone (takie jak kokosowy i zwierzęce) i jednonienasycone (jak oliwa).

Chociaż masło to tłuszcz nasycony, to jest ono dużo mniej przetworzone niż margaryny czy niskotłuszczowe miksy do smarowania, a więc jedzone z umiarem może wchodzić w skład zdrowej diety.

ZIOŁA I PRZYPRAWY Naturalne przyprawy w postaci ziół i korzeni to bogate źródło roślinnych substancji odżywczych, w których kryją się właściwości prozdrowotne, łącznie z przeciwutleniającymi i przeciwzapalnymi.

Zalecamy codzienne używanie do posiłków różnorodnych ziół i przypraw, a wśród nich czosnku, imbiru, chili, kurkumy, rozmarynu, mięty i tymianku. Można stosować je świeże lub suszone, w sałatkach, potrawach gotowanych i naparach.

Pokarmy, które należy jeść z umiarem

CZERWONE MIĘSO W czerwonym mięsie znajdują się ważne składniki odżywcze, takie jak witaminy z grupy B i mikroelementy (szczególnie żelazo). Istnieją dowody, że jedzenie zbyt dużych ilości czerwonego mięsa może zwiększać ryzyko niektórych nowotworów, ale umiarkowane spożycie nieprzetworzonego nie niesie ze sobą zagrożenia dla zdrowia.

Radzimy jedzenie jedynie niewielkich porcji - mniej więcej tyle, ile mieści się w dłoni. Najlepiej wybierać mięso z chowu ekologicznego lub ze zwierząt karmionych trawą, ponieważ mają więcej składników odżywczych.

PRODUKTY MLECZNE Mają dużo witamin i składników odżywczych i są dobrym źródłem protein i zdrowych tłuszczów. Jednak niektórzy badacze podają w wątpliwość, czy są odpowiednie dla osób z nowotworami, szczególnie wrażliwymi na hormony. Badania wskazują, że produkty mleczne mogą być czynnikiem ryzyka w przypadku raka prostaty, chociaż z drugiej strony nie ma wielu analiz badających skutki ich spożycia dla zdrowia osób, które przeżyły chorobę nowotworową. Niektórzy twierdzą, że po terapii przeciwnowotworowej produkty mleczne szkodzą im na przewód pokarmowy.

Proponujemy spożywanie jak najmniejszej ilości produktów mlecznych osobom z rakiem prostaty i tym, które mają kłopoty z ich trawieniem. Inni mogą jeść ekologiczny jogurt pełnotłusty oraz masło przy minimalnej ilości mleka i sera. Łatwiejsze do strawienia mogą okazać się produkty z mleka koziego lub owczego.

PRODUKTY SOJOWE Pokarmy na bazie soi stanowią ważną część tradycyjnej diety azjatyckiej (np. w formie tofu, miso czy tempeh), ale są stosunkowo nowym dodatkiem do diety Zachodu. Podobnie do innych pokarmów roślinnych zawierają fitoestrogeny, ale soja ma też mniej korzystne dla zdrowia składniki, zwane często „antyodżywczymi", które mogą przeszkadzać we wchłanianiu substancji odżywczych.

Zalecamy tym, którzy jedzą soję, żeby wybierali produkty ekologiczne, takie jak tofu, miso, tempeh czy natto, które mają niższą zawartość substancji „antyodżywczych".

Pokarmy, które należy jeść w minimalnych ilościach

Te produkty w niewielkim stopniu wpływają na zdrowie lub w ogóle nie przynoszą żadnych korzyści. Zatem lepiej jadać je rzadko lub wręcz unikać.

OCZYSZCZONE ZIARNA I CUKRY Produkty przygotowane z oczyszczonych ziaren zbóż, jak biała mąka i biały ryż, w trakcie obróbki wiele tracą z naturalnych wartości, w tym także błonnik. Jedzenie takich rafinowanych węglowodanów powoduje szybki wzrost poziomu cukru we krwi i niekorzystne zmiany w organizmie.

Polecamy w miarę możliwości unikanie produktów z oczyszczonej mąki i rafinowanego cukru. Wiele warzyw oraz świeżych i suszonych owoców zawiera naturalną słodycz i z powodzeniem można ich używać do przygotowania zdrowych deserów, ciast i ciasteczek.

NIEZDROWE/ZNISZCZONE TŁUSZCZE Szczególnie niezdrowe są tłuszcze zniszczone w procesie intensywnego przetwarzania, czego przykładem mogą być tłuszcze trans. Znajdują się one głównie w częściowo uwodornionych olejach roślinnych, stosowanych w przemysłowo wytwarzanych chipsach, majonezie, ciastach, herbatnikach, ciastkach i produktach smażonych w głębokim tłuszczu.

Zalecamy unikanie przetworzonej, tłustej żywności. Zamiast tego lepiej przygotować w domu ciasta, herbatniki czy placki z masłem lub tłuszczami takimi jak oliwa czy olej kokosowy. Podczas gotowania nie należy zbyt mocno rozgrzewać olejów, ponieważ powoduje to utlenianie i niszczenie tłuszczów, chociaż olej kokosowy i rzepakowy są bardziej stabilne w wysokich temperaturach.

PRZETWORZONE MIĘSO Istnieją dowody, które sugerują, że duże spożycie przetworzonego mięsa zwiększa ryzyko zachorowania na niektóre rodzaje nowotworów. Przetworzone mięso to między innymi burgery, kiełbasy, boczek i inne wyroby wędzone i peklowane.

Polecamy jak najmniejsze spożycie przetworzonego mięsa. Jeśli jecie je tylko od czasu do czasu, sięgnijcie w miarę możliwości po produkty ekologiczne.

ŻYWNOŚĆ PIECZONA NA OGNIU, GRILLOWANA I Z RUSZTU Dowody wskazują, że jedzenie dużych ilości pokarmów pieczonych bezpośrednio na ogniu, grillowanych i z rusztu może zwiększyć ryzyko niektórych nowotworów. Jednak spożywane tylko od czasu do czasu nie przynoszą szkody.

Zalecamy, żeby przy pieczeniu jedzenia w ten sposób, szczególnie mięsa, nie dopuszczać, by wchodziło w bezpośredni kontakt z otwartym ogniem. Nie należy też dopuszczać do zbytniego spieczenia lub spalenia.

Sól

Jeśli większą część waszej diety stanowi żywność przetworzona, prawdopodobnie jecie zbyt dużo soli, co może zaburzać delikatną równowagę minerałów w organizmie. Produkty surowe, świeże i nieprzetworzone z natury zawierają niewiele soli. By poprawić smak potraw, można używać nieco dobrej jakości soli kamiennej lub morskiej. Smak poprawią też zioła, przyprawy, czosnek, cebula, suszone grzyby, suszone pomidory i sok z cytryny. Mogą do tego służyć również wodorosty, będące dodatkowo dobrym źródłem jodu, którego zwykle brakuje we współczesnej diecie.

Woda

Ważnym punktem zdrowej diety jest picie odpowiedniej ilości wody. Najlepszym sposobem jest regularne popijanie jej w ciągu całego dnia. Przeciętny dorosły człowiek potrzebuje dziennie od 1,5 l (6 szklanek) do 2 l (8 szklanek) płynów.

Jeśli ktoś prowadzi bardzo aktywny fizycznie tryb życia lub akurat jest gorąco, może potrzebować ich więcej. Na sumę płynów składają się woda, herbaty i napary ziołowe oraz świeże soki warzywne. Soki owocowe, napoje słodzone i z dodatkiem kofeiny oraz alkohol należy ograniczyć do minimum.

Otwarcie na zmiany

Wasze potrzeby żywnościowe mogą się zmieniać wraz ze stanem zdrowia, stylem życia i wahaniami nastroju. Czasami pewne rodzaje jedzenia mogą wydawać się szczególnie apetyczne, a czasami wręcz przeciwnie. Stosując przepisy i informacje z tej książki, możecie dokonywać własnych wyborów zdrowych potraw, które was nasycą, zadowolą i wesprą wasz organizm.

POKARMY DO REGULARNEGO CODZIENNEGO SPOŻYCIA	POKARMY DO JEDZENIA Z UMIAREM	POKARMY DO JEDZENIA W MINIMALNYCH ILOŚCIACH
Warzywa i owoce	Czerwone mięso	Oczyszczone ziarna zbóż, rafinowany cukier
Produkty proteinowe	Produkty mleczne	Niezdrowe/zniszczone tłuszcze
Warzywa strączkowe	Produkty sojowe	Przetworzone mięso/ przetworzona żywność
Pełne zboża		Jedzenie spieczone, spalone i z grilla
Zdrowe tłuszcze		Sól
Zioła i przyprawy		
NAPOJE		
Woda	Kawa	Alkohol

Siła w żywności, czyli gdzie szukać potrzebnych składników odżywczych

Stwierdzono, że wiele naturalnych składników żywności nieprzetworzonej wstrzymuje rozrost nowotworu. Łączenie ich w posiłkach może wzmocnić te korzystne właściwości.

Niezależnie od tego, czy właśnie przechodzicie leczenie, wracacie do zdrowia, czy też chcecie zapobiegać powstaniu nowotworu lub jego nawrotowi, jedzenie żywności bogatej w składniki odżywcze stanowi najważniejszą część waszego programu. Umieszczone poniżej tablice pokazują przykłady pokarmów obfitujących w wartościowe substancje oraz ich możliwe działanie dla zdrowia.

RODZAJ ŻYWNOŚCI	NIEKTÓRE NATURALNE SKŁADNIKI	MOŻLIWE KORZYŚCI DLA ZDROWIA
Warzywa czosnkowate: szczypior, czosnek, por, cebula, cebula dymka	Allicyna, alliina i enzym allinaza, siarczek diallilu i sulfotlenek S-alkilocysteina, flawonoid kwercetyna	Mogą ograniczać wzrost komórek rakowych/guzów i chronić przed rakiem żołądka, jelit i okrężnicy. Mogą hamować nowotwór piersi, wątroby i okrężnicy. Mogą pomagać łagodzić skutki uboczne radioterapii. Działają silnie przeciwutleniająco i przeciw drobnoustrojom. Kwercetyna jest przeciwutleniaczem i może chronić przed nowotworami niektórych gruczołów. Mają właściwości wzmacniające odporność.
Owoce cytrusowe: grejpfrut, cytryna, limonka, pomarańcza Warzywa: seler	Bioflawonoidy takie jak kwas elagowy, hesperydyna, rutyna; limonoidy, witamina C	Przeciwutleniające i przeciwzapalne. Wzmacniają układ odpornościowy i hamują rozrost nowotworu.

RODZAJ ŻYWNOŚCI	NIEKTÓRE NATURALNE SKŁADNIKI	MOŻLIWE KORZYŚCI DLA ZDROWIA
Warzywa kapustne i zielone: brokuły, brukselka, kapusta, kalafior, chrzan, jarmuż, kapusta sitowata, rzodkiew, szpinak, wasabi, rukiew wodna	Karotenoidy, indolo-3-karbinol, sulforafan, witaminy C, E i K	Przerywają formowanie i rozrost nowotworu, powodują obumieranie komórek rakowych. Działają przeciwutleniająco i przeciwzapalnie.
Grzyby: pieczarki, maczużnik, enoki, maitake, reishi i shiitake	Lentinan, polisacharydy	Grzyby shiitake zawierają polisacharyd 1:3 betaglukan wzmacniający odporność i niszczący komórki rakowe. Reishi, maczużnik i maitake pobudzają system odpornościowy do rozpoznawania i niszczenia komórek rakowych.
Pomarańczowe i żółte warzywa oraz owoce: morele, marchew, mango, papryka, dynia, słodkie ziemniaki, arbuz	Karotenoidy, szczególnie beta-karoten, luteina, likopen	Wzmacniają odporność. Udowodniono, że hamują formowanie się komórek rakowych, działają silnie przeciwutleniająco. Niektóre badania wykazały, że suplementy z beta-karotenem mogą zmniejszać ryzyko raka o 40 procent (jednak palacze nie powinni przyjmować suplementów z syntetycznym beta-karotenem).
Czerwone warzywa i owoce: jagody açai, bakłażan, burak, czarne jagody, wiśnie, żurawina, figi, winogrona, granaty, maliny, czerwona kapusta, czerwone śliwki, truskawki	Antocyjany, kwas elagowy, flawonoidy, oligomeryczne proantocyjanidyny, resweratrol	Chronią DNA przed uszkodzeniem. Zmniejszają wskaźnik przyrostu komórek rakowych i przyczyniają się do ich obumierania. Mają działanie przeciwestrogenowe i przeciwzapalne, wzmacniają odporność. Wiele z tych substancji uznaje się za pomocne w zapobieganiu rakowi sutka i prostaty.

RODZAJ ŻYWNOŚCI	NIEKTÓRE NATURALNE SKŁADNIKI	MOŻLIWE KORZYŚCI DLA ZDROWIA
Pomidory	Karotenoidy, likopen, witamina C	Hamują formowanie się guzów i stany kancerogenne. W Harvard Medical School odkryto, że jedzenie 10 porcji tygodniowo może zmniejszyć ryzyko raka prostaty o 40 procent Tłuszcz ułatwia przyswajanie likopenu.
Strączkowe	Błonnik, izoflawony, fitoestrogeny	Hamują powstawanie nowotworu. Mogą chronić przed niektórymi nowotworami gruczołów, np. sutka i prostaty. Zmniejszają ryzyko miażdżycy, chorób serca i osteoporozy.
Tłuste ryby: anchois, makrele, sardynki, łosoś, pstrąg, śledź	Kwasy tłuszczowe omega-3, witamina D	Wykazują działanie przeciwnowotworowe i przeciwzapalne. Wzmacniają odporność. Spowalniają rozrost guzów i chronią przed ich rozprzestrzenianiem. Skuteczne przeciw nowotworom hormonozależnym. Lepiej unikać jedzenia większych ryb jak rekin, miecznik, marlin i tuńczyk.
Podroby, szczególnie nerki i wątroba	Witaminy z grupy B, żelazo, selen, witamina D	Wzmagają energię i krążenie tlenu. Działają przeciwutleniająco. Selen może chronić przed niektórymi nowotworami, np. sutka i prostaty.
Soja	Genisteina, izoflawony, znakomite źródło kompletnych protein do zastępowania mięsa	Naprawia tkanki. Może pomagać równoważyć hormony. Najlepiej używać całej soi, by dostarczyć izoflawony, a nie wyizolowanych suplementów. Wybierajcie niemodyfikowaną ekologiczną soję, najlepiej fermentowaną.

RODZAJ ŻYWNOŚCI	NIEKTÓRE NATURALNE SKŁADNIKI	MOŻLIWE KORZYŚCI DLA ZDROWIA
Ocet jabłkowy	Kwas jabłkowy, pektyny, potas	Wspiera zdrowe trawienie i wydzielanie enzymów trawiennych. Obniża indeks glikemiczny posiłków.
Masło, ghi	Kwas masłowy, kwas rumenowy (CLA), witaminy A i D	Poprawiają funkcjonowanie przewodu pokarmowego. Wykazano, że CLA osłabia komórki rakowe.
Kokos: miąższ, olej, woda i mleczko	Kwas kaprylowy, kwas laurynowy, trójglicerydy o średnim łańcuchu	Działa przeciw mikrobom i ma właściwości przeciwnowotworowe. Łatwo strawny.
Produkty fermentowane: np. jogurt bioaktywny, miso, kapusta kiszona	Bakterie dobroczynne (probiotyczne)	Ułatwiają trawienie, wzmacniają odporność i korzystnie wpływają na przewód pokarmowy.
Siemię lniane i wyciskany z niego olej, orzechy, ziarna, całe ziarna zbóż	Lignany, magnez, fitosterole	Modulują działanie estrogenów i wzmacniają funkcje odpornościowe. Działają przeciwutleniająco, przeciwbakteryjnie, przeciwwirusowo i przeciwgrzybicznie.
Oliwa, olej z awokado	Kwas oleinowy, kwasy tłuszczowe omega-9	Utrzymują poziom cukru we krwi. Działają przeciwutleniająco, tropią wolne rodniki.
Warzywa morskie, wodorosty: arame, dulse, kelp, kombu, wakame	Fukoidyna, jod	Fukoidyna to polisacharyd podobny do skrobi, o właściwościach przeciwzapalnych i przeciwwirusowych. Pobudza system odporności i może zmniejszać ryzyko raka sutka. Jod wspomaga pracę tarczycy i poprawia metabolizm.
Herbata (matcha, biała, zielona, czarna), gorzka czekolada	Polifenole, np. katechiny, w tym galusan epigallokatechiny (EGCG)	Wykazują właściwości przeciwutleniające, przeciwzapalne i antyangiogenne. Modulują działanie hormonów i wzmacniają odporność.

ZIOŁA I PRZYPRAWY	NIEKTÓRE NATURALNE SKŁADNIKI	MOŻLIWE KORZYŚCI DLA ZDROWIA
Bazylia, mięta, oregano, rozmaryn, tymianek	Olejki eteryczne z rodziny terpenów	Zmniejszają rozprzestrzenianie się komórek rakowych przez blokowanie enzymów koniecznych do zajmowania innych tkanek.
Kolendra	Olejki eteryczne w liściach i nasionach	Wspomaga trawienie. Działa przeciwzapalnie i przeciw drobnoustrojom.
Fenkuł (koper włoski)	Kumaryna i olejki eteryczne, np. anetol	Redukuje stany zapalne poprzez wpływanie na sygnalizację komórkową.
Natka pietruszki	Karoteny, chlorofil, kwas foliowy, żelazo, witamina C	Ogranicza kancerogenne właściwości smażonego jedzenia. Stymuluje układ nerwowy, użyteczna w napojach energetycznych.
Mięta pieprzowa	Alkohol perylowy, a także kwas rozmarynowy	Hamuje rozrost guzów i jest silnym przeciwutleniaczem.
Szałwia	Flawonoidy, kwas rozmarynowy	Obniża poziom cukru we krwi, działa przeciwgrzybicznie i przeciw drobnoustrojom.
Chili	Kapsaicyna	Działa przeciw drobnoustrojom. Może być szczególnie skuteczna w pewnych typach raka skóry.
Cynamon	Olejki eteryczne z kory cynamonowca, w tym octan cynamonylu	Pomaga równoważyć poziom cukru we krwi, poprawia krążenie i pomaga w bezsenności.
Goździki	Beta-kariofilen i eugenol	Może chronić przed nowotworami przewodu pokarmowego. Zabezpiecza przed zanieczyszczeniem środowiska. Używany w leczeniu stanów zapalnych stawów. Łagodny środek przeciwbólowy.

ZIOŁA I PRZYPRAWY	NIEKTÓRE NATURALNE SKŁADNIKI	MOŻLIWE KORZYŚCI DLA ZDROWIA
Imbir	Gingerole	Działa przeciwzapalnie, stymuluje trawienie i korzystnie wpływa na przewód pokarmowy. Pobudza krążenie.
Szafran	Karotenoidy, dimetylokrocetyna, safranal	Wzmacniający odporność środek przeciwnowotworowy, przeciwutleniacz i antydepresant.
Kurkuma	Kurkumina – główny aktywny składnik tej przyprawy typu curry	Działa przeciwutleniająco i przeciwzapalnie, stymuluje obumieranie komórek rakowych (apoptozę).

To tylko wybór produktów nieprzetworzonych z ich dobroczynnym działaniem, który pokazuje, jak wiele spośród nich ma naturalne właściwości prozdrowotne. Nie czujcie się jednak przymuszeni koniecznością jedzenia pewnych pokarmów ze względu na ich właściwości, jeśli nie macie na nie ochoty. Najlepiej kierować się smakiem i jeść zarówno ulubione pokarmy, jak też te z wyżej wymienionych, które wam odpowiadają. Tak jak przyjmujemy nasze podejście całościowe do zdrowia, tak i powinniśmy przyjąć podejście synergiczne do jedzenia, łącząc różne pokarmy w jednym posiłku lub przekąsce.

Planując posiłki, pamiętajcie, żeby jeść zestaw różnorodnych produktów nieprzetworzonych, a unikać koncentrowania się tylko na jednym wybranym ze względu na jego szczególnie dobre działanie. Zawsze lepiej wybrać produkt naturalny niż suplement. Więcej przyjemności jest z jedzenia gulaszu curry z kurkumą i mięsem, drobiem lub proteinami roślinnymi z dodatkiem warzyw niż z połykania kurkumy w suplemencie. W ten sposób będziecie mieć jednocześnie pożytek z przeciwzapalnego działania kurkuminy, przeciwutleniających właściwości zdrowych tłuszczów, wykorzystanych do gotowania, a także innych przypraw curry i składników, których użyjecie do przygotowania potraw.

Wsparcie w terapii i efektach ubocznych

Podczas terapii to, co jecie, staje się naprawdę ważne, ponieważ pozwala zachować siły i dodatkowo może pomagać radzić sobie z problemami spowodowanymi leczeniem. W tym rozdziale omawiamy niektóre spośród efektów ubocznych najczęściej występujących w kuracjach przeciwnowotworowych i wyjaśniamy, co i jak jeść, by poczuć się lepiej.

Nasze podejście oparte na zdrowym odżywianiu może być traktowane jako zestaw podstawowych wskazówek, co można robić przed, podczas i po terapii, z tym że w pewnych okolicznościach konieczne będzie dostosowanie ich do sytuacji. Wasz organizm, wasza choroba i inne czynniki indywidualne są niepowtarzalne, a podane tu informacje powinny być do nich dostosowane. Można również porozmawiać ze specjalistą i poprosić o indywidualne zalecenia.

Zmęczenie

Uczucie zmęczenia to najczęstszy objaw, jaki towarzyszy chorym na nowotwory w czasie i po terapii. Warto wtedy używać żywności jako źródła energii i koniecznych substancji odżywczych.

- Dobrze się przygotujcie. Zakupy róbcie przez Internet i gotujcie w chwilach, gdy nie czujecie się zmęczeni. Przygotowujcie większe porcje jedzenia i przechowujcie w zamrażarce na inne dni.
- Jedzcie pożywne, domowe zupy, są bowiem lżej strawne i nie zawierają dodatków zmniejszających energetyczność obecnych w daniach gotowych dostępnych w sklepach.
- Pijcie dużo płynów, ponieważ dehydratacja dodatkowo osłabia energię. Spróbujcie soków z przepisów w tej książce. Pijcie czekoladę, wybierając dowolne mleko lub jego substytut. Gorzka czekolada znacząco wpływa na poziom energii, a także może poprawić nastrój.
- Jedzcie zdrowe, pożywne przekąski: świeże owoce z orzechami lub ziarnami, owoce suszone (figi, daktyle, morele), gorzką czekoladę, gotowane jajka, jogurt, wątróbkę kurzą lub pastę z sardynek. Wasz organizm lepiej będzie trawił przekąski i małe porcje niż jeden duży posiłek.
- Starajcie się zachować zdrową wagę ciała.

Brak apetytu i mdłości

Brak apetytu miewa różne przyczyny, bywa powodowany zarówno terapią, jak i samym nowotworem. Niechęć do jedzenia może wynikać z różnych dolegliwości, zmian w zmysłach smaku i powonienia, uczucia suchości w ustach, nudności, biegunek, zaparć, wolniejszego trawienia, zmęczenia, złego nastroju lub też depresji, rozdrażnienia, bólu, duszności i infekcji. Poproście prowadzących waszą terapię specjalistów, by wskazali, co można leczyć.

- Próbujcie różnych pokarmów, by znaleźć te, które będą wam najbardziej odpowiadały. Czasami pomaga częste jedzenie małych porcji.
- Zawsze wybierajcie zdrowszą opcję. Unikajcie dań trudnych do strawienia, na przykład smażonych w głębokim tłuszczu.
- Bywa, że gdy nie jesteście głodni lub źle się czujecie, najłatwiej będzie zjeść coś delikatnego, choćby owsiankę. Płatki owsiane są szybkie i łatwe do przygotowania, a do tego mają dość kalorii, by wzmocnić siły. Dostarczają też przeciwutleniaczy i błonnika. Dodajcie trochę mielonych ziaren i orzechów, banan, miód, cynamon, owoce jagodowe lub inne gotowane owoce albo śliwki.
- Unikajcie silnych aromatów, które mogą powodować mdłości. Gdy trapią was nudności, pijcie dużo wody, łagodne soki warzywne i herbatki ziołowe (np. z mięty, która pomaga w trawieniu i w ten sposób zapobiega ubocznym skutkom mdłości). Pomóc może też imbir dodany do herbatek i posiłków.
- Apetyt poprawi spacer na świeżym powietrzu przed posiłkiem.

Zmiany w zmysłach smaku i powonienia

Niektóre środki stosowane w chemioterapii oraz pewne antybiotyki, leki przeciwbólowe i steroidy (sterydy) mogą powodować, że jedzenie smakuje słono, gorzko lub metalicznie. Radioterapia okolic głowy i szyi natomiast może niszczyć kubki smakowe i zmieniać powonienie oraz poczucie smaku.

- Unikajcie czerwonego mięsa, które szczególnie może smakować metalicznie.
- Aromatyzujcie jedzenie ziołami, przyprawami i sokiem z cytryny.
- Może się zdarzyć, że zimne pożywienie będzie lepiej smakowało od ciepłego.

Trudności z przełykaniem, pleśniawki i owrzodzenie jamy ustnej

Problemy z przełykaniem i owrzodzenie jamy ustnej mogą być skutkiem chemioterapii lub radioterapii okolic szyi i klatki piersiowej. Nowotwór i/lub terapia upośledzają odporność i możecie być podatni na infekcje, na przykład pleśniawki, które będą przyczyną bólu przy przełykaniu.

- Jeśli to możliwe, pijcie świeże soki warzywne, by zwiększyć spożycie składników odżywczych. Sok z kapusty łagodzi gardło i resztę przewodu pokarmowego. Łączcie go z innymi warzywami i owocami, by polepszyć smak.
- Jedzcie zdrowe miękkie pokarmy, takie jak banany, gniecione warzywa korzeniowe (np. słodkie ziemniaki, pasternak, brukiew czy marchew), puddingi ryżowe, domowe zupy i gulasze oraz gotowane owoce. Twardsze produkty, jak na przykład mięso, dobrze jest dusić, by zmiękły, i dodatkowo mieszać z miękkimi, by ułatwić ich jedzenie. W razie potrzeby można też je zmielić.
- Bierzcie łyk wody (lub soku warzywnego) pomiędzy kęsami, tak by płyn pomógł „spłukać" jedzenie do żołądka.
- W razie konieczności pijcie płyny i zmiksowane pokarmy przez słomkę.
- Unikajcie potraw słonych, pikantnych lub kwaśnych, by nie podrażniać jamy ustnej.
- Jedzcie, ile się da, produktów wspomagających odporność, szczególnie warzyw i owoców, cebuli i czosnku, grzybów shiitake, ziół i przypraw.

Problemy trawienne: wzdęcia i gazy, spowolnione trawienie

Zarówno nowotwór, terapia, jak i zmiany diety (np. szybkie przejście na produkty surowe lub pełnoziarniste) mogą być przyczyną kłopotów z trawieniem. Niektóre osoby, które przeszły operacje, radioterapię i/lub pewne rodzaje chemioterapii, stają się niezdolne do trawienia tłuszczów, węglowodanów (jak laktoza w produktach mlecznych) lub białek (jak gluten w pszenicy i innych zbożach). Zmiana może być jedynie okresowa, ale też i trwała. W takich przypadkach mogą wystąpić skurcze, gazy i wzdęcia. Jeśli więc produkty surowe i warzywa strączkowe są dla was nowym pokarmem, wprowadzajcie je do diety stopniowo.

Ważne jest, by takie problemy przedyskutować ze specjalistą, lekarzem lub praktykującym dietetykiem.

Biegunka

Biegunkę mogą powodować zarówno terapia, jak i sam nowotwór, ale również stres, nietolerancja żywności lub infekcje wirusowe i bakteryjne. Jeśli dolegliwość jest poważna i długotrwała (dłuższa niż 2 dni), należy szukać pomocy lekarza.

- Pijcie dużo płynów, by uzupełnić te utracone.
- Unikajcie produktów mlecznych, ponieważ zawarta w mleku laktoza może wzmagać biegunkę.
- Unikajcie napojów gorących lub bardzo zimnych.
- Unikajcie kofeiny.
- Unikajcie tłustych i/lub bardzo pikantnych potraw.
- Może też okazać się konieczne ograniczenie pokarmów bogatych w błonnik, ale tylko do czasu rozwoju dolegliwości. W takim przypadku unikajcie strączkowych, pełnych ziaren (zamiast tego na krótko używajcie białej mąki, makaronów i ryżu), surowych warzyw i owoców (zamiast tego spróbujcie jeść obrane, gotowane warzywa i owoce).
- Znajdujące się w jabłkach pektyny i nierozpuszczalny błonnik pomagają w utrzymaniu regularnej pracy jelit i mogą łagodzić zarówno zaparcia, jak i biegunki.

Zaparcia

Podobnie jak przy biegunce powodem zaparć może być zarówno nowotwór, jak i jego terapia. Przyczyną może być także dieta uboga w błonnik, zbyt małe spożycie płynów i/lub brak aktywności fizycznej i osłabienie.

- Pijcie dużo płynów, szczególnie pomocne będą ciepłe napoje, takie jak herbatki ziołowe.
- Jedzcie więcej produktów bogatych w błonnik, na przykład pełnych zbóż, warzyw i owoców (szczególnie pomarańczy i jabłek).
- Jedzcie owoce suszone, szczególnie śliwki i figi, które pomagają w pracy jelit.
- Korzystnie może działać lekka gimnastyka.
- Delikatny masaż brzucha może pomóc złagodzić blokady.
- Jedzcie wolno i dobrze żujcie, by wspomóc trawienie.

Utrzymanie zdrowej wagi

Do niedawna chorym w czasie terapii przeciwnowotworowych doradzano, by jedli, co chcieli, w celu zahamowania utraty wagi. Nowoczesna wiedza zmienia to podejście i kładzie nacisk na znaczenie zrównoważonej, odżywczej diety w celu utrzymania zdrowej wagi.

Wzrost wagi

U chorych na nowotwory wzrost wagi może mieć kilka przyczyn:

- Zmiany hormonalne oraz terapia w przypadku niektórych rodzajów nowotworu, takich jak rak sutka, prostaty, endometrium, jajników, jelita grubego i mózgu.
- Przyjmowanie niektórych leków, takich jak steroidy (sterydy) i kuracje hormonalne. W przeciwieństwie do tego, czego się zwykle oczekuje, niektórzy mogą przybrać na wadze w trakcie chemioterapii lub innych terapii.
- Jeśli czujecie się zmęczeni lub zestresowani, możecie sięgać po słodycze i smakołyki.
- Brak dostatecznej ilości ruchu fizycznego z powodu zmęczenia, złego samopoczucia czy nastroju, braku nawyku lub z innych przyczyn.
- Niełatwo wam zmienić niezdrowe nawyki żywieniowe, szczególnie w trudnych okresach.

Jeśli jednak chcecie osiągnąć zdrową wagę, postępujcie zgodnie z zasadami opisanymi w tej książce.

Badania wykazały, że dieta oparta na produktach roślinnych może wspomagać utratę wagi u osób z nadwagą, szczególnie jeśli uzupełni się ją regularnymi ćwiczeniami fizycznymi.

Utrzymujcie rozsądny poziom aktywności fizycznej, nie przesadzając z nadmiarem. Wysiłek fizyczny taki jak spacerowanie pomaga zarówno radzić sobie z uczuciem zmęczenia, spalać kalorie, jak i polepsza humor. Ćwiczenia fizyczne poprawiają samopoczucie i zwiększają poziom energii. Znajdźcie własny sposób, który pomoże wam wytrwać czy to poprzez medytacje, wizualizację czy też techniki relaksacyjne.

Innym praktycznym sposobem unikania nadwagi jest spokojne, świadome jedzenie. Wyniki badań wskazują, że gdy jemy wolno i dobrze żujemy pokarm, szybciej czujemy się syci i w konsekwencji zjadamy mniej. Trzeba tu jednak pamiętać, że każdy z nas jest inny. To, jak sobie radzimy ze wzrostem wagi, zależy od okoliczności, w jakich się znajdujemy i które mogą się zmieniać i wpływać na wybór tego, co dla nas najlepsze. Nawet małe zmiany w nawykach żywieniowych mogą w dłuższym okresie przynieść wielkie rezultaty. Jeżeli macie nawrót, zawsze warto spróbować ponownie.

Utrata wagi

Chorzy na raka mogą tracić wagę z wielu powodów, zarówno wskutek samego nowotworu, jak i w ciągu terapii przeciwnowotworowej (operacje, chemioterapia, radioterapia). Rak to skomplikowana choroba, a procesy, które wykorzystuje, by się rozwijać, mogą czasami prowadzić do spadku wagi, często łącznie z utratą apetytu. Szczególnie często zdarza się to w niektórych rodzajach nowotworów, w tym płuc i nerek.

Jeśli tracicie wagę, możecie potrzebować dodatkowych kalorii, protein, zdrowych tłuszczów i innych substancji odżywczych. Zdrowe, kaloryczne pokarmy to między innymi orzechy i nasiona, suszone owoce (figi, daktyle, śliwki), tłuste ryby, awokado, gorzka czekolada, masła orzechowe i z nasion, mleko kokosowe i jogurt pełnotłusty. Spróbujcie chociażby nasz wzmacniający szejk jagodowy z awokado. Nie ulegajcie jednak pokusie, by napychać się niezdrowymi tłuszczami i cukrem.

Pomocne może okazać się stosowanie diety przeciwzapalnej, a także takiego stylu życia, by ograniczyć występowanie stanów zapalnych, które wiążą się z rozwojem nowotworu.

- Jedzcie pokarmy o właściwościach przeciwzapalnych: owoce i warzywa, pełne ziarna, strączkowe, ryby, oliwę i zioła – patrz rozdział „Siła w żywności" na stronie 24.
- Unikajcie pokarmów sprzyjających stanom zapalnym: olejów bogatych w kwasy tłuszczowe omega-6, produktów zawierających tłuszcze trans i smażonych przemysłowo – patrz strona 12.
- Nie tylko odżywiajcie się zdrowo, ale dbajcie też o regularny wysiłek fizyczny, ponieważ hamuje to produkcję pewnych substancji, w tym niektórych prostaglandyn, przyczyniających się do zapaleń.
- Wystawiajcie się na słońce, by organizm mógł wytworzyć odpowiednie ilości witaminy D – 15 minut dziennie, bez filtrów, ale unikając poparzeń. Właściwa ilość tej witaminy jest niezbędna do prawidłowej pracy układu odpornościowego, a jej niedobór często stwierdza się u chorych z nowotworami.
- Rozważcie przyjmowanie suplementów z kwasami tłuszczowymi omega-3. Jak wykazano, dieta bogata w kwasy omega-3 pomaga osobom tracącym wagę w zaawansowanych stanach nowotworu.

Jak jeść dobrze

Podjęcie decyzji o tym, by poprawić swoją dietę, nie zabiera dużo czasu, ale wprowadzanie ulepszeń w życie staje się codziennym zadaniem na wiele dni – aczkolwiek bardzo podniecającym – odkrywania nowych pokarmów, nowych przepisów i nowych nawyków żywieniowych. W tym rozdziale zawarliśmy garść praktycznych porad, jak przeprowadzić zmiany.

Do przodu krok po kroku

- Zbyt wiele zmian wprowadzanych od razu może być męczące i stresujące zarówno fizycznie, jak i emocjonalnie. Róbcie więc to stopniowo, w takim tempie, jakie wam odpowiada. Nawet małe zmiany mogą przynieść pozytywne efekty, które pomogą utrzymać motywację.
- Dajcie sobie czas na zmianę zapasów w lodówce i kredensie na zdrowe produkty.
- Poszukajcie wsparcia. Jeśli macie chętnych do pomocy przyjaciół czy rodzinę, poproście, by przygotowali dla was coś, co da się zamrozić i zjeść później. Wiele dań z przepisów w tej książce można zamrażać lub przechowywać kilka dni w lodówce.
- Szukajcie porad. Rozmawiajcie z osobami, które znają się na zdrowym żywieniu, i pytajcie ich o rady, triki i pomysły.
- Kupujcie trwałe produkty na gorsze dni. Zestaw zdrowych dań mrożonych to praktyczna opcja na dni, kiedy gotowanie nie wchodzi w rachubę. Dobrze mieć pod ręką też produkty w puszkach (jak strączkowe, pomidory czy ryby) oraz masła orzechowe i z nasion, gotowe do użycia w każdej chwili, z tym że należy wybierać te bez dodatku cukru i soli. Jeśli zawsze macie w domu owoce i orzechy, łatwo możecie przygotować koktajl.
- Hodujcie własne produkty. Warto rozważyć hodowlę choćby ziół w doniczkach lub nawet uprawę małej grządki warzywnej. Świeżo zerwane warzywa wprost z ogrodu będą obfitować w składniki odżywcze. No i dochodzi jeszcze satysfakcja z własnoręcznej produkcji, podnosząca poziom endorfin, a także prozdrowotne korzyści z wysiłku fizycznego.
- Przygotujcie się na dalsze zmiany. Uczyńcie zdrowe jedzenie swoim zwyczajem, ale zaakceptujcie również i to, że wasz smak może się zmieniać w miarę postępu

leczenia, poprawy zdrowia i aktywności, nie czujcie się więc sztywno związani jednym szczególnym rodzajem diety.

Niech jedzenie smakuje

Dobre jedzenie to więcej niż tylko odżywianie. Smaczny posiłek, szczególnie dzielony z innymi, sprawia przyjemność, co czyni go dobrym i dla ciała, i dla ducha. Czasami wprowadzenie nowości może wzmagać przyjemność.

- Smakujcie jedzenie. Miejcie dość czasu, by zjeść, podelektować się i strawić posiłek.
- Okazujcie miłość i szacunek pożywieniu, życiu i sobie.
- Jedząc, pamiętajcie o otoczeniu. Starajcie się, by wokół było miło, wygodnie i relaksująco.
- Gdy pozwalacie sobie na jakiś smakołyk, nie czujcie się z tym źle. Na przykład skupcie się na jego dobroczynnym działaniu, choćby na przeciwutleniaczach w kawie, czerwonym winie czy czekoladzie. I pamiętajcie, że smakołyk od czasu do czasu podnosi poziom endorfin, poprawiając samopoczucie.

Związek pomiędzy jedzeniem i nastrojem

Nasze pożywienie zmienia równowagę chemiczną w organizmie i wpływa na zdrowie fizyczne, emocjonalne i duchowe. Duże i gwałtowne skoki poziomu cukru we krwi wiążą się ze zmianami energii i nastroju. Po zjedzeniu słodkiej przekąski glukoza we krwi może poszybować w górę, a następnie równie szybko spaść do relatywnie niskiego poziomu. Może to prowadzić do zawrotów głowy, zmniejszonej koncentracji i uczucia zmęczenia, tak jak w przypadku osłabienia odczuwanego przez wiele osób po obfitym obiedzie. W ustabilizowaniu poziomu cukru we krwi pomocne będą:

- Regularne spożywanie posiłków. Jeśli jesteście głodni, przed i po południu możecie zjeść przekąskę.
- W każdym posiłku czy przekąsce powinny być zarówno proteiny, jak i tłuszcze oraz błonnik. Jedzenie posiłków o niskim ładunku glikemicznym (patrz strona 13) pomaga regulować uwalnianie glukozy do krwi, jednocześnie uspokajając nastrój. Śniadanie bogate w białko sprawi, że w ciągu dnia mniej będzie napadów głodu.

- Pomiędzy posiłkami pijcie dużo płynów. Funkcje mózgu wykorzystują dużą część płynów w organizmie, a więc by uniknąć dehydratacji, powinniście mieć pod ręką szklankę wody. Należy unikać napojów słodkich, soków owocowych, zbyt dużej ilości herbaty i kawy.
- Wprowadźcie do diety pokarmy bogate w kwasy omega-3, by utrzymać w zdrowiu pracę mózgu, który w dużym stopniu składa się właśnie z tych tłuszczów. Kwasy omega-3 mogą też być pomocne w kontrolowaniu działania insuliny.

Trawienie i stres

Czy kiedyś zdarzyło się wam zjeść posiłek i nie wiedzieć, jak smakował? Lub zjeść przekąskę i nawet tego nie zauważyć? Pośpieszne, rozkojarzone jedzenie, gdy jesteście zajęci lub zdenerwowani, utrudnia organizmowi trawienie nawet najzdrowszego posiłku.

Jak poprawić trawienie

- Zredukujcie stres w czasie jedzenia. Spokojna rutyna w porze posiłków pomaga wyłączyć się od codziennych kłopotów i oddać przyjemności jedzenia. Poświęćcie trochę czasu (5–10 minut), by usiąść i zaostrzyć apetyt, co rozpocznie proces trawienia. Przed jedzeniem zrelaksujcie się lub trochę pomarzcie albo też weźcie dwa głębokie wdechy. Możecie też zapalić świeczkę lub ozdobić stół wazonikiem kwiatów.
- Smakujcie jedzenie. Przyjrzyjcie się jego barwie, zbadajcie świeżość, powąchajcie i cieszcie się aromatem, używając tylu zmysłów, ilu się da, nawet jeszcze zanim zaczniecie jeść. Poświęcenie pewnego czasu przed posiłkiem przygotowuje układ pokarmowy do trawienia.
- Jedzcie wolno i z rozwagą. Dokładnie żujcie każdy kęs, skupiając się na wartościach odżywczych, energetycznych, a także przyjemności, jaką daje wam posiłek. To pobudzi organizm do produkcji większej ilości enzymów i sprawi, że trawienie będzie bardziej efektywne. Jeśli macie nawyk szybkiego jedzenia, spróbujcie odkładać nóż i widelec pomiędzy kęsami.
- Róbcie przerwy. Pozwólcie układowi trawiennemu odpocząć pomiędzy posiłkami. Ciągłe podjadanie jest konieczne jedynie wtedy, gdy macie wyjątkowo słabą równowagę poziomu cukru we krwi.

- Nie pijcie zbyt dużo w czasie jedzenia, albowiem płyny mogą rozrzedzić soki trawienne.
- Unikajcie jedzenia późno w nocy. Może to podnosić poziom insuliny, wzmagać otłuszczenie brzucha i dodatkowo obciążać układ pokarmowy wtedy, gdy będziecie chcieli zasnąć.
- Jeśli macie kłopoty z trawieniem, jedzcie pokarmy gotowane. Gotowanie może pomagać w przetwarzaniu twardych czy włóknistych elementów w produktach roślinnych i zwierzęcych. Surowa żywność, choć pożywna i smaczna, może być ciężkostrawna przy przewodzie pokarmowym osłabionym chorobą, terapią czy lekami. Z drugiej strony surowe soki nie zawierają błonnika i są łatwiejszym sposobem przyswojenia skoncentrowanych składników odżywczych niż jedzenie surowych warzyw.

BOGACTWO SMAKU	CHARAKTERYSTYKA I WARTOŚCI	ZASTOSOWANIE
Jęczmienne miso	Fermentowana soja z jęczmieniem	Można używać do pikantnych sosów do sałatek lub do dań wytrawnych jak soczewica lub fasola.
Wiórki lub proszek z surowego kakao lub zwykłe kakao	Bogate naturalne źródło przeciwutleniaczy i magnezu	Wsyp 1 łyżkę do chili con carne lub do lasagne. Dodaje głębi smaku koktajlom i daniom słodkim.
Słodkie/białe miso	Fermentowana soja i ryż. Jasnej barwy, lekkie w smaku i konsystencji. Bogate w fitoestrogeny	Odpowiednie do sałatek i dań smażonych po chińsku. Pyszne w marynatach i zupach.
Tahini	Pasta z sezamu bogata w wapń, cynk i niezbędne nienasycone kwasy tłuszczowe omega-6	Dodaje orzechowego aromatu sosom, daniom smażonym, sałatkom i dressingom. Można nim smarować krakersy.

PIKANTNE I SŁONE	CHARAKTERYSTYKA I WARTOŚCI	ZASTOSOWANIE
Anchois	Można używać ze słoika lub z puszki. Dodaje słonego posmaku i wydobywa aromat innych składników	W całości jako dekoracja sałatek i dań ze zbóż. Roztarte można użyć do zup i dań smażonych po chińsku.
Kapary	Łatwo dostępne, przeważnie w słoikach. Bogate w prozdrowotne flawonoidy, jak rutyna i kwercetyna	Dodają kwaśno-słonego smaku daniom z rybami i zbożami.
Nori/płatki z wodorostów	Bogate w minerały i łatwe w użyciu. Dodają daniom nieco słonego smaku. Dobre źródło jodu	Mogą wzmacniać aromaty innych składników. Wspaniałe w zupach, gulaszach i jako dodatek do sałatek.
Drożdże odżywcze w płatkach	Nieaktywne płatki drożdżowe w pudełeczkach. Bogate w witaminy z grupy B. Nadają drożdżowego/serowego smaku	Smak dobrze komponuje się z gałką muszkatołową. Dodatek do sosów i dressingów. Świetne do aromatyzowania dań wegańskich.
Pesto	O bogatym aromacie. Dzięki ziołom ma przeciwutleniacze	Dodatek do dań smażonych, makaronów, ziemniaków, sosów do sałatek i jajek.
Tamari/shoyu	Dobrej jakości naturalnie fermentowane sosy sojowe. Tamari nie zawiera glutenu	Dodają słonego smaku i głębi. Używać oszczędnie, ponieważ mają dużo soli.
Ocet umeboshi /przyprawa ume	Działający zasadowo ocet ze sfermentowanych śliwek. Skutecznie wspomaga trawienie	Dodatek do gulaszów, sałatek, dań smażonych po chińsku. Może być używany w marynatach.
Ocet winny/jabłkowy	Wspomaga trawienie i stabilizuje poziom glukozy we krwi poprzez redukcję indeksu/ładunku glikemicznego	Wybierajcie dobrej jakości naturalnie sfermentowany ocet. Dodatek do sałatek, gulaszów, dań smażonych po chińsku.
Ekstrakt drożdżowy	Bogaty w witaminy z grupy B	Dodaje ostrości i słonego smaku zupom, gulaszom i daniom smażonym po chińsku.

Cukru w diecie powinno być jak najmniej. Poniżej wymieniamy substancje słodzące zdrowsze od cukru rafinowanego i o niższym indeksie glikemicznym. Nadal jednak trzeba pamiętać, by używać ich z umiarem.

SUBSTANCJA SŁODZĄCA	WŁAŚCIWOŚCI	ZASTOSOWANIE
Koncentrat soku jabłkowego	Dodaje głębi i równowagi daniom i słodkim, i słonym. Ma wysoką zawartość fruktozy, używać oszczędnie	Skuteczny do zrównoważenia smaku wodorostów. Doskonały do sałatek. Dodaje słodyczy ciastom.
Lukuma	Bogaty w składniki odżywcze owoc z Peru, o smaku maślano-słodkim, podobnym do toffi	Może być używany do lodów i koktajli.
Maca	Pożywne peruwiańskie warzywo korzeniowe o naturalnym słodkim, karmelowym smaku. Używane do łagodzenia stresu i wspierania zdrowej gospodarki hormonalnej	Pyszny jako dodatek do napojów, ciast i deserów. Powszechnie dostępny w formie proszku.
Melasa	Bardzo słodka z nieco gorzkawą nutą, czasami może zdominować smak. Zawiera dużo składników mineralnych, w tym żelazo, wapń i magnez	Nadaje się do dań słonych i słodkich, dla smaku wystarczy niewielka ilość.
Stewia	Słodka z natury roślina o niskim indeksie glikemicznym	Niewielka ilość daje spory efekt. Dostępna w granulkach i w proszku.
Ksylitol	Naturalny cukier pierwotnie uzyskiwany z brzozy, o minimalnym wpływie na poziom cukru we krwi	Można używać jak zwykły cukier; do ciast i puddingów.

Najczęściej zadawane pytania

Dlaczego żywność ekologiczna jest taka ważna?

Niektórzy ludzie wolą żywność ekologiczną od zwykłej ze względu na jej lepszy smak, inni troszczą się o środowisko, jeszcze inni niepokoją się o skumulowane dla ludzkiego organizmu skutki spożywania różnorodnych środków chemicznych (czasem zwane efektem koktajlu). Istnieją oczywiście normy bezpieczeństwa dotyczące stosowania pestycydów w rolnictwie, jednakże fakt, że jedna z substancji nie jest szkodliwa w małych ilościach, nie oznacza koniecznie, że jest równie bezpieczna w połączeniu z innymi. Żywność ekologiczna produkowana jest bez syntetycznych pestycydów i nawozów sztucznych. Nie zawiera produktów genetycznie modyfikowanych, w procesie produkcji nie jest poddawana działaniu promieniowania, chemicznych rozpuszczalników ani też nie ma chemicznych dodatków.

Bardzo wiele badań wykazało, że jedzenie żywności ekologicznej zamiast tej produkowanej przemysłowo (skażenie pestycydami i środkami chemicznymi, a także stosowanie antybiotyków) jest dużo bezpieczniejsze, daje więcej wartości odżywczych, jest lepsze smakowo i korzystniej wpływa na środowisko. Jednak równie ważne jest to, żeby spożywać różnorodne produkty i raczej nie ograniczać diety tylko do wybranych, unikając tych, które nie są ekologiczne.

Wszystkie owoce i warzywa należy dokładnie myć w wodzie. Jeśli używacie tych konwencjonalnie uprawianych, możecie dolać do wody nieco octu lub soku z cytryny, by łatwiej usunąć środki chemiczne ze skórki. Skuteczne jest także obieranie.

Jeśli nie jem produktów mlecznych, jakie są najzdrowsze pokarmy wzmacniające kości?

W tym przypadku wyniki badań są całkiem jasne: ci, którzy codziennie jedzą dużo warzyw i owoców, mają zdrowe kości. Zawdzięczają to zasadowemu działaniu owoców i warzyw, a także witaminie K, fitoestrogenom i innym aktywnym biologicznie składnikom, które znajdują się w nich w dużych ilościach. Do diety należy też dodać małe rybki jedzone z ościami, jak na przykład sardynki z puszki, a także warzywa strączkowe, orzechy i ziarna (szczególnie sezam i tahini), zielone warzywa liściaste (jak kapusta, jarmuż, szpinak, natka pietruszki i rukiew wodna) oraz pełne ziarna (wszystkie są bogate w wapń). W tych pokarmach organizm dostaje wszystko to, czego potrzebuje dla kości. Inne zamienniki produktów mlecznych to:

- Owies, soja, ryż i mleczka orzechowe. Szczególnie polecany jest owies, lekkostrawny i zwykle bez dodatku cukrów.
- Zdrowe oleje, jak olej kokosowy czy oliwa, którymi można smarować lub skrapiać chleb.
- Zamiennikami sera mogą być dipy, pasty i masła orzechowe.
- Dostępne są jogurty sojowe (wybierajcie niesłodzone).
- Dostępne są też śmietany owsiane lub orzechowe.

Dlaczego mam zmniejszyć ilość wypijanej kawy, jeśli bardzo mnie pobudza?
Pewne napoje, jak herbata (gatunki czarne, zielone i białe), a szczególnie kawa, zawierają kofeinę. Można ją też znaleźć w innych produktach, na przykład w czekoladzie. Kofeina może zwiększyć w organizmie wytwarzanie hormonów stresu, w tym adrenaliny, stąd dobre samopoczucie. Jednak zwiększony poziom adrenaliny to dodatkowy stres, który wpływa na zgromadzone przez organizm substancje odżywcze i może też podnosić poziom glukozy we krwi. Dlatego też nie poleca się regularnego picia dużych ilości kawy, a w okresach przeżywania silnego stresu powinno się szczególnie zminimalizować spożycie kofeiny. Jeśli decydujecie się na picie kawy, róbcie to w umiarkowany sposób, by sprawiało przyjemność.

Czy mogę pić alkohol?
Niektóre napoje alkoholowe, jak choćby czerwone wino, zawierają składniki o dobroczynnych właściwościach antyoksydacyjnych (np. resweratrol). Te właściwości są silniejsze w przypadku produktów ekologicznych. Jednak alkohol jako taki daje organizmowi niewiele pożytku, jeśli nie liczyć działania relaksującego, a do tego może szkodzić wątrobie i ogólnie źle wpływać na zdrowie. Wyniki badań jednoznacznie wskazują, że alkohol może zwiększać ryzyko niektórych nowotworów, a także chorób serca i nadciśnienia tętniczego.

Jeśli decydujecie się na picie alkoholu, to najlepiej zachować go na specjalne okazje i uroczystości i spożywać z umiarem. Jeśli ktoś pije regularnie, nie powinien przekraczać jednego lub dwóch drinków tygodniowo. Przeciwutleniacze podobne do tych zawartych w czerwonym winie można znaleźć w diecie bogatej w świeże warzywa i owoce.

Czy to dobry pomysł, żeby przejść na dietę wegetariańską lub wegańską?
Każdy człowiek ma inne potrzeby żywieniowe i podczas gdy jedni nie mogą żyć bez produktów zwierzęcych, inni nie mają na nie ochoty lub starają się ich unikać. My zachęcamy wszystkich do wyboru diety opartej na produktach roślinnych i unikania przetworzonego mięsa, ale nie zalecamy całkowitej rezygnacji z produktów zwierzęcych, gdyż mogą one dostarczać wartościowego dla organizmu i łatwego do użycia białka oraz żelaza, a także innych składników odżywczych, w tym tłuszczów omega-3 (jeśli zwierzęta karmione są trawą i pochodzą z hodowli ekologicznych), selenu, witamin A i B_{12} oraz innych witamin z grupy B. Jeśli ktoś ma problemy z trawieniem mięsa lub nie ma na nie ochoty, zalecane jest spożycie niewielkich ilości produktów mlecznych - mleka, jogurtu i masła - a także umiarkowane jajek i ryb. Jeśli rezygnujecie z produktów zwierzęcych, to:

- Unikajcie ograniczania spożywanej żywności tylko do jednego lub dwóch pokarmów zastępujących białko i inne składniki odżywcze z produktów zwierzęcych. Szczególnie w takiej sytuacji konieczna jest duża różnorodność pożywienia. Ziarna, orzechy i strączkowe są dobrymi źródłami białka.
- Jedzcie różnorodne produkty roślinne bogate w składniki odżywcze, by zapewnić dostateczną ilość aminokwasów (związków wykorzystywanych do produkcji białek), witamin, minerałów i niezbędnych nienasyconych kwasów tłuszczowych. Wśród roślin, które to zapewnią, są między innymi: quinoa (komosa ryżowa), gryka, amarant, nasiona konopi i soja.
- Jedzcie wodorosty, które zawierają witaminy, minerały, aminokwasy i jod.
- Niektóre pokarmy roślinne - strączkowe (groch i fasole), pełne ziarna i nasiona - zawierają szczawiany i kwas fitowy, które utrudniają wchłanianie wapnia. Zawartość kwasu fitowego zmniejsza się w procesie kiełkowania, a więc używanie mieszanki kiełków nasion i zbóż dobrze wpłynie na zdrowie. Kwas fitowy może też ograniczać wchłanianie żelaza z pokarmów roślinnych (wśród bogatych w żelazo są strączkowe, nasiona i orzechy). Hamujące działanie może być jednak złagodzone przez dodatek do diety pożywienia bogatego w witaminę C.

Czy jedzenie soi jest bezpieczne?

Soja to źródło błonnika, witamin i minerałów, a także fitoestrogenów. Te ostatnie, pobierane z różnych pokarmów roślinnych jako część zrównoważonej diety, mogą wywierać pozytywny wpływ na organizm, na przykład regulując niektóre hormony. Wśród innych źródeł fitoestrogenów są niektóre strączkowe, nasiona, ziarna i warzywa. Fitoestrogeny w pożywieniu (inaczej niż w suplementach) nie wydają się czynnikiem ryzyka choroby nowotworowej, nie trzeba więc ich unikać. Dla wegetarian produkty sojowe mogą być wartościowym źródłem kompletnych protein. My jednak nie zalecamy spożywania produktów sojowych w dużych ilościach (więcej niż cztery porcje tygodniowo) ze względu na inne czynniki niekorzystne dla żywienia (patrz strona 21). Surowe lub kiełkowane ziarna soi mogą też wpływać na funkcjonowanie tarczycy i nie powinny być jedzone przez osoby, które miały kłopoty z tym gruczołem. Gotowana soja nie ma tego działania.

Czy powinniśmy brać suplementy?

Jeśli tylko można, lepiej jeść pełne pokarmy, niż brać suplementy. Różnorodne bioaktywne składniki w pożywieniu działają razem (synergicznie), a więc połączony efekt jest większy niż w przypadku pojedynczej substancji.

Nawet jednak przy zdrowej diecie, a szczególnie gdy ktoś nie jest w stanie spożywać dostatecznych ilości pokarmów, można chcieć dodać nieco odżywczego wzmocnienia. Jeśli się na to zdecydujecie:

- Zawsze stosujcie dawki zalecane w instrukcji i jeśli nie jesteście pod fachową opieką, wybierajcie produkty ogólnie uzupełniające dietę.
- Zawsze informujcie lekarzy i innych leczących was specjalistów, jakie suplementy przyjmujecie.
- Ponieważ nie ma jeszcze dostatecznych badań dotyczących stosowania suplementów podczas terapii, zalecamy, by je odstawić podczas chemioterapii i radioterapii, chyba że leczący was specjaliści zdecydują inaczej.

Jadłospisy tygodniowe

Poniższe zestawy menu na poszczególne dni mogą służyć jako podstawa do planowania posiłków na cały tydzień. Oczywiście można łączyć je i mieszać w dowolny sposób. Jeśli zaś ktoś chce zminimalizować gotowanie, może pozostałości z jednego dnia zjeść nazajutrz lub też przygotować większą porcję, by starczyła na dwa dni.

Jadłospis tradycyjny

ŚNIADANIE	OBIAD	KOLACJA	PRZEKĄSKA
Granola z ziaren mieszanych z jogurtem (s. 56)	Kalmary z patelni z czerwoną kapustą i orzechami (s. 83)	Perska miska z quinoa (komosa ryżowa) i omega (s. 117)	Ciastka migdałowe z imbirem i czekoladą (s. 141)
Jajka zapiekane po hiszpańsku (s. 63)	Ciepła sałatka z soczewicy i fasoli (s. 91)	Kurczak smażony z nerkowcami (s. 94)	Kokosowy pudding ryżowy (s. 157)
Owsianka z migdałami i gruszkami (s. 144)	Zupa fasolowa z czosnkiem i pesto (s. 71)	Okoń morski z oliwkami i pomidorami (s. 103)	Pieczony sernik cytrynowy (s. 123)
Sardynki z pieczonymi pomidorami (s. 65)	Sałatka z jarmużu z prażonymi ziarnami (s. 87)	Sarnina z cytrusową gremolatą (s. 101)	Napój energetyczny z trawą pszeniczną (s. 151)
Muffinki cynamonowe z siemieniem lnianym i morelami (s. 59)	Krewetki po sycylijsku (s. 82)	Spaghetti z cytryną i brokułami (s. 114)	Superowocowy sorbet jogurtowy (s. 126)
Wzmacniający szejk jagodowy z awokado (s. 142)	Sałatka makaronowa z szalotkami i grzybami shiitake (s. 148)	Korma z indyka z pistacjami (s. 98)	Szejk z mango i herbaty matcha (s. 51)
Śliwki w anyżu z kremem orzechowo-imbirowym (s. 55)	Sałatka z superzieleniny z kurczakiem i sosem orzechowym (s. 77)	Zapiekanka z owoców morza (s. 109)	Włoskie krakersy z dipem fasolowym (s. 158)

Jadłospis wegetariański

ŚNIADANIE	OBIAD	KOLACJA	PRZEKĄSKA
Granola z ziaren mieszanych (s. 56) z jogurtem sojowym lub kokosowym	Szaszłyki z tempeh z sosem hoisin (s. 84)	Ciepła sałatka z bakłażana, warzyw korzeniowych i ciecierzycy (s. 113)	Kokosowy pudding ryżowy (s. 157)
Płaskie chlebki z przyprawami (s. 135) z humusem lub masłem orzechowym	Kremowa zupa kalafiorowa (s. 72)	Wegetariańskie burgery (s. 116), remoulade z selerem, jabłkiem i fenkułem (s. 88)	Sok buraczany na wytrzymałość (s. 151)
Zielony szejk konopny (s. 51), batony kakaowe z daktylami i lukumą (s. 60)	Zupa paprykowa z kremem chili (s. 74)	Pieczony tempeh z sosem piperade (s. 110)	Ciasto bananowo--herbaciane (s. 130)
Batony kakaowe z daktylami i lukumą (s. 60)	Zupa fasolowa z czosnkiem i pesto (s. 71)	Perska miska z quinoa (komosa ryżowa) i omega (s. 117)	Superowocowy sorbet jogurtowy (s. 126)
Śliwki w anyżu z kremem orzechowo-imbirowym (s. 55)	Sałatka z wodorostów i ogórka (s. 90)	Spaghetti z cytryną i brokułami (s. 114)	Wzmacniacz kokosowo--kakaowy (s. 154)
Owsianka z migdałami i gruszkami (s. 144)	Sałatka z superzieleniny z kurczakiem i sosem orzechowym (s. 77)	Kalmary z patelni z czerwoną kapustą i orzechami (s. 83), włoskie krakersy z dipem fasolowym (s. 158)	Placek czekoladowy z burakami (s. 133)
Muffinki cynamonowe z siemieniem lnianym i morelami (s. 59)	Sałatka z jarmużu z prażonymi ziarnami (s. 87)	Ciepła sałatka z soczewicy i fasoli (s. 91), płaskie chlebki z przyprawami (s. 135)	Pieczony sernik cytrynowy (s. 123)

Szejki, soki, koktajle i śniadania

Koktajle, szejki i soki zawierają dużo zdrowych składników w łatwej do spożycia formie, co czyni z nich znakomitą propozycję na śniadanie lub przekąskę, szczególnie jeśli nie macie apetytu lub jesteście zbyt zmęczeni, by gotować pełen posiłek. W tym rozdziale znajdziecie również inne kuszące propozycje śniadań, na przykład muffinki cynamonowe z morelami i siemieniem lnianym, rozgrzewające śliwki w anyżu z kremem orzechowo-imbirowym i szybkie w przygotowaniu jajka zapiekane po hiszpańsku. Czy potrzebujecie czegoś szybkiego na początek, czy też czegoś, co da wam siłę w czasie terapii, przepisy w tym rozdziale pełne są odżywczych składników, które wesprą wasz organizm. Są również tak pomyślane, by pobudzić apetyt, dodać wam energii i rozruszać metabolizm.

Po lewej: Śliwki w anyżu z kremem orzechowo-imbirowym (strona 54/55)

Powyżej: Jajka zapiekane po hiszpańsku (strona 62/63)

Dajcie sobie zastrzyk przeciwutleniaczy tym lekkim, orzeźwiającym koktajlem.

◂ Szejk z mango i herbaty matcha

NA 2 szklanki po 250 ml każda
PRZYGOTOWANIE: 5 minut

60 g (⅓ szklanki) blanszowanych migdałów
1 dojrzałe mango, obrane, bez pestki i pokrojone w kostkę
1 łyżeczka zielonej herbaty matcha
lód, do podania
plastry mango, do podania, ewentualnie

1 Włóż migdały do blendera lub miksera, wlej 500 ml (2 szklanki) wody, zmiksuj na gładko. Jeśli wolisz, przecedź przez gęste sito.

2 Dodaj mango i matcha, zmiksuj ponownie, aż napój nabierze gęstej, kremowej konsystencji. Pij od razu podane z lodem i mango, według gustu, lub przechowaj w lodówce do 2 dni.

SKŁADNIKI ODŻYWCZE W PORCJI
Białko 9,4 g, **Węglowodany** 11,8 g, w tym cukry 11,1 g, **Tłuszcze** 16,9 g, w tym nasycone 1,4 g, **Kaloryczność** 234 kcal

WARTOŚCI ZDROWOTNE
Matcha to japońska zielona herbata w proszku pełna przeciwutleniaczy. Używa się całych liści, co daje matcha silniejsze działanie, niż ma parzona zielona herbata, i zwiększa zawartość przeciwutleniaczy.

Zielony szejk konopny

NA 2 szklanki po 250 ml każda
PRZYGOTOWANIE: 5 minut

30 g (¼ szklanki) proszku proteinowego z konopi lub wyłuskanych nasion konopi
1 dojrzałe mango, obrane, bez pestki i pokrojone w kostkę
szczypta cynamonu
400 ml (1½ szklanki) wody z kokosa lub zwykłej
2 duże garście szpinaku, sałaty rzymskiej lub jarmużu
szczypta stewii do smaku, według gustu

1 Włóż wszystkie składniki do blendera lub miksera, zmiksuj na gładki koktajl. Wypij od razu lub przechowuj w lodówce 1 dzień.

SKŁADNIKI ODŻYWCZE W PORCJI
Białko 10 g, **Węglowodany** 19,9 g, w tym cukry 10,3 g, **Tłuszcze** 2,6 g, w tym nasycone 0,1 g, **Kaloryczność** 142 kcal

WARTOŚCI ZDROWOTNE
Proszek proteinowy z konopi to łatwy i zdrowy sposób, by zwiększyć spożycie dobrej jakości protein i kwasów tłuszczowych omega-3 i omega-6. Pomaga również w stabilizowaniu poziomu cukru we krwi.

Zielony eliksir

NA 1 szklankę 250 ml
PRZYGOTOWANIE: 5 minut

2 łodygi selera naciowego
½ ogórka
2 duże garście jarmużu
2 cm świeżego imbiru
1 cytryna
2 jabłka
kostki lodu, do podania, ewentualnie
1 łyżka ziaren lub orzechów, do podania

1 Wyciśnij sok ze wszystkich składników w sokowirówce, wypij od razu lub przechowuj w lodówce 1 dzień. Podawaj z lodem, jeśli lubisz, i z łyżką ziaren lub orzechów.

SKŁADNIKI ODŻYWCZE W PORCJI
Białko 3,6 g, **Węglowodany** 19,9 g, w tym cukry 18,6 g, **Tłuszcze** 1,2 g, w tym nasycone 0,1 g, **Kaloryczność** 100 kcal

WARTOŚCI ZDROWOTNE
Ten lekki i oczyszczający sok zawiera imbir przynoszący ulgę w mdłościach i kłopotach trawiennych. (Jeśli masz kłopoty z tarczycą, ogranicz spożywanie kapustnych, takich jak surowy jarmuż, działają bowiem goitrogennie ‹wolotwórczo›, osłabiając funkcje tarczycy i ograniczając metabolizm.)

Łagodne trawienie

NA 1 szklankę 250 ml
PRZYGOTOWANIE: 5 minut

½ ananasa, obranego (razem ze środkową twardą częścią)
1 cm świeżego imbiru
garść natki pietruszki
100 g młodych liści szpinaku
½ ogórka
1 łyżka soku z aloesu, ewentualnie
1 łyżka ziaren lub orzechów, do podania

1 Wyciśnij w sokowirówce sok z ananasa, imbiru, natki i warzyw. Dolej sok z aloesu, jeśli go używasz, wymieszaj. Wypij od razu lub przechowuj w lodówce przez 1 dzień. Podawaj z 1 łyżką ziaren lub orzechów.

SKŁADNIKI ODŻYWCZE W PORCJI
Białko 8,9 g, **Węglowodany** 33,8 g, w tym cukry 32,8 g, **Tłuszcze** 8,6 g, w tym nasycone 1,2 g, **Kaloryczność** 250 kcal

WARTOŚCI ZDROWOTNE
Aloes znany jest z właściwości pomagających w trawieniu, a tutaj połączony został z ułatwiającym je imbirem. Ogórek nawilża i jest źródłem przeciwutleniaczy.

Krem z orzechów brazylijskich

1 Włóż orzechy do blendera lub miksera, wlej 400 ml (1½ szklanki) wody, zmiksuj na gładko. Dodaj pozostałe składniki, zmiksuj ponownie. Wypij od razu lub przechowuj w lodówce 1 dzień.

NA 2 szklanki po 250 ml każda
PRZYGOTOWANIE: 5 minut

60 g (⅓ szklanki) orzechów brazylijskich
200 g truskawek, świeżych lub mrożonych
½ łyżeczki esencji waniliowej
2 łyżeczki lecytyny w granulkach, ewentualnie

SKŁADNIKI ODŻYWCZE W PORCJI
Białko 5,1 g, **Węglowodany** 6,4 g, w tym cukry 6,4 g, **Tłuszcze** 20,6 g, w tym nasycone 5,2 g, **Kaloryczność** 247 kcal

WARTOŚCI ZDROWOTNE
Ten napój zawiera proteiny i zdrowe tłuszcze. Orzechy brazylijskie to jedno z najbardziej skoncentrowanych źródeł selenu ważnego dla ochrony komórek przed uszkodzeniami.

Krem rooibos z morelami

1 Włóż saszetkę z herbatą do dzbanka, zalej 250 ml (1 szklanka) wrzącej wody. Odstaw na 10 minut, by herbata się zaparzyła, a następnie wyjmij i wyrzuć. Napar odstaw, by nieco przestygł.
2 Włóż pozostałe składniki do blendera lub miksera, zalej herbatą. Zmiksuj na gładko. Wypij od razu lub przechowuj w lodówce 1 dzień. Napój możesz podawać zimny lub ciepły.

NA 1 szklankę 250 ml
PRZYGOTOWANIE 5 minut plus 10 minut zaparzanie

1 saszetka herbaty rooibos
2 świeże morele, przekrojone na połówki, bez pestek, lub 4 połówki moreli z puszki, w naturalnym soku
40 g (¼ szklanki) nerkowców
30 g (¼ szklanki) suszonych moreli

SKŁADNIKI ODŻYWCZE W PORCJI
Białko 9,3 g, **Węglowodany** 22,3 g, w tym cukry 17,7 g, **Tłuszcze** 19,5 g, w tym nasycone 3,8 g, **Kaloryczność** 301 kcal

WARTOŚCI ZDROWOTNE
Herbata rooibos (z południowoafrykańskiego czerwonokrzewu) nie zawiera kofeiny, a taniny bardzo niewiele. Ma za to wielkie bogactwo przeciwutleniaczy, w tym flawonoidów kwercetyny i luteoliny.

Na śniadanie warto odżywić swoje ciało gotowanymi owocami i gładkim kremem orzechowym.

Śliwki w anyżu z kremem orzechowo-imbirowym

Śliwki są gotowane w delikatnie doprawionym soku z granatów, a następnie udekorowane kremem orzechowo-imbirowym. Można je podawać gorące lub zostawić, by nasiąkły aromatyzowanym syropem i serwować na zimno. To bardzo praktyczny przepis, po przygotowaniu śliwki świetnie posłużą jako śniadania lub przekąski na 2–3 dni.

NA 4 porcje
PRZYGOTOWANIE: 10 minut
GOTOWANIE: 6 minut plus studzenie

6 dużych lub 8 średnich śliwek, przekrojonych na pół, bez pestek
250 ml (1 szklanka) czystego soku z granatów
2 anyże gwiazdkowe
1 kawałek cynamonu
2 łyżeczki skrobi kukurydzianej lub mąki arrarutowej

Krem orzechowo-imbirowy
125 g (¾ szklanki) nerkowców
2 łyżki oliwy lub oleju kokosowego
125 ml (½ szklanki) świeżego soku z pomarańczy
2 cm świeżego imbiru, obranego i startego

1 Włóż do garnka śliwki, anyż i cynamon, wlej sok z granatów. Doprowadź do wrzenia, po czym zmniejsz ogień i wolno gotuj 5 minut lub aż owoce zmiękną. Skrobię kukurydzianą wymieszaj z 1 łyżką wody, dodaj do garnka, mieszaj, aż syrop zgęstnieje. Odstaw do wystygnięcia, by całość nabrała aromatu.
2 Przygotuj krem orzechowo-imbirowy: włóż wszystkie składniki do blendera lub miksera, zmiksuj na gładko. W razie konieczności dolej nieco wody.
3 Ze śliwek wyjmij i wyrzuć anyże i cynamon, podawaj na ciepło lub na zimno z kremem orzechowo-imbirowym. Przechowuj w lodówce do 3 dni.

SKŁADNIKI ODŻYWCZE W PORCJI
Białko 6,3 g, **Węglowodany** 22,6 g, w tym cukry 16,6 g, **Tłuszcze** 22,7 g, w tym nasycone 9,5 g, **Kaloryczność** 320 kcal

WARTOŚCI ZDROWOTNE
Śliwki, świeże i suszone, zawierają chroniące przed chorobami substancje fitochemiczne, a duża ilość błonnika ma łagodne działanie przeczyszczające, wspomagając pracę jelit i wypróżnienia. Śliwki są też bogate w fenole i witaminę C, która wspomaga wchłanianie żelaza. Witamina C konieczna jest w organizmie do wytwarzania zdrowych tkanek oraz wspierania odporności. Krem orzechowo-imbirowy dostarcza protein i zdrowych tłuszczów, a dodatek imbiru pomaga w trawieniu i łagodzi mdłości.

Granola z ziaren mieszanych

NA 8 porcji
PRZYGOTOWANIE: 10 minut
PIECZENIE: 50 minut

115 g (1¼ szklanki) płatków owsianych
60 g (⅓ szklanki) migdałów, posiekanych
60 g (⅓ szklanki) orzechów brazylijskich, posiekanych
2 łyżki nasion szałwii hiszpańskiej chia, ewentualnie
4 łyżki wyłuskanych nasion konopi
60 g (½ szklanki) wyłuskanych pestek słonecznika
60 g (½ szklanki) wyłuskanych pestek dyni
60 g (⅓ szklanki) ziaren sezamu
1 łyżka ksylitolu (cukru brzozowego) lub ½ łyżki stewii, ewentualnie
2 łyżki oliwy lub roztopionego oleju kokosowego
1 gruszka, posiekana
1 łyżeczka cynamonu
½ łyżeczki mielonego imbiru
4 łyżki soku jabłkowego
60 g (½ szklanki) owoców jagodowych suszonych bez cukru, według gustu
30 g (⅓ szklanki) jagód goji

W tym napakowanym proteinami i innymi składnikami odżywczymi chrupiącym zbożowym śniadaniu zachowują się kwasy omega-3 dzięki prażeniu w niskiej temperaturze. Granolę można podać z jogurtem lub mlekiem albo zamiennikiem mleka. Może również służyć jako przekąska lub posypka do dań z owoców.

1 Rozgrzej piekarnik do temperatury 160°C, wyłóż blachę papierem do pieczenia. Płatki owsiane, orzechy i ziarna wsyp do miski, dobrze wymieszaj. Pozostałe składniki (z wyjątkiem owoców jagodowych) włóż do blendera lub miksera, zmiksuj na gładko.

2 Wylej na płatki z orzechami i ziarnami, dobrze wymieszaj rękoma. Upewnij się, że wszystkie dobrze pokryły się „sosem".

3 Wyłóż mieszankę na przygotowaną blachę do pieczenia, rozłóż. Piecz 45–50 minut, aż będzie chrupiąca i zrumieni się na złoto. Odstaw do wystygnięcia, a następnie do granoli dodaj owoce jagodowe, wymieszaj i podawaj. Przechowuj w szczelnym pojemniku 1–2 tygodnie.

SKŁADNIKI ODŻYWCZE W PORCJI

Białko 11,3 g, **Węglowodany** 24,4 g, w tym cukry 11 g, **Tłuszcze** 27,2 g, w tym nasycone 5,6 g, **Kaloryczność** 387 kcal

WARTOŚCI ZDROWOTNE

Łuskane nasiona konopi są lekkostrawnym, kompletnym źródłem protein. Mają również dużo kwasów tłuszczowych i błonnika, pierwiastki śladowe i witaminę E. Orzechy brazylijskie obfitują w selen, a słonecznik i pestki dyni są bogate w kwasy tłuszczowe omega-6.

Chrupiące, pełne wartości
i wspaniale aromatyczne.

Muffinki cynamonowe z siemieniem lnianym i morelami

Te muffinki, słodzone owocami, dzięki dodatkowi siemienia lnianego obfitują w rozpuszczalny błonnik. Sięgnijcie po nie na śniadanie lub zdrową przekąskę, by zapewnić sobie energię na cały dzień.

NA 10 sztuk
PRZYGOTOWANIE: 15 minut
PIECZENIE: 25 minut plus stygnięcie

4 łyżki oliwy plus dodatkowa do natłuszczenia, według potrzeb
225 g (1½ szklanki) razowej mąki pszennej lub mieszanki mąk bezglutenowych
2 łyżeczki proszku do pieczenia
1 łyżeczka sody
szczypta soli morskiej
1½ łyżeczki cynamonu
2 łyżki ksylitolu (cukru brzozowego)
3 łyżki mielonego siemienia lnianego
125 ml (½ szklanki) soku jabłkowego
225 g (niepełna 1 szklanka) jogurtu naturalnego lub sojowego
3 jajka
60 g (⅓ szklanki) suszonych moreli, posiekanych
2 cm świeżego imbiru, obranego i startego

1 Rozgrzej piekarnik do temperatury 180°C. Wyłóż papierowymi miseczkami 10 foremek do muffinek lub je natłuść. Przesiej do dużej miski mąkę, proszek, sodę, sól i cynamon. Wsyp otręby, które ewentualnie zostały na sicie, oraz ksylitol i siemię, wymieszaj.

2 W dzbanku lub blenderze wymieszaj oliwę, sok, jogurt i jajka. Wlej do mąki z dodatkami, wymieszaj drewnianą łyżką na gładkie, gęste ciasto.

3 Dodaj morele i imbir. Napełnij ciastem foremki do trzech czwartych wysokości. Piecz 20–25 minut, aż patyczek wbity w środek muffinki będzie suchy. Wyjmij, odstaw na kilka minut, by ciastka nieco przestygły, następnie wyłóż na drucianą kratkę, by całkiem wystygły przed podaniem. Przechowuj w lodówce do 3 dni lub w zamrażarce do 1 miesiąca.

SKŁADNIKI ODŻYWCZE W PORCJI

Białko 5,7 g, **Węglowodany** 26,8 g, w tym cukry 8,9 g, **Tłuszcze** 5 g, w tym nasycone 1,9 g, **Kaloryczność** 173 kcal

WARTOŚCI ZDROWOTNE

Suszone morele zawierają błonnik korzystnie wpływający na pracę jelit. Ich beta-karoten jest przetwarzany w organizmie w witaminę A, silny przeciwutleniacz zmniejszający szkody wyrządzane przez wolne rodniki w komórkach i tkankach, a także wspomagający odporność. Świeży imbir to rozgrzewająca przyprawa często stosowana do wspierania pracy przewodu pokarmowego i łagodzenia mdłości. Mielony cynamon pomaga równoważyć poziom cukru we krwi.

Batony kakaowe z daktylami i lukumą

NA 16 sztuk
PRZYGOTOWANIE: 15 minut plus moczenie 15 minut i chłodzenie co najmniej 1 godzina

- 140 g (¾ szklanki) suszonych daktyli bez pestek
- 115 g (1 szklanka) orzechów pekan
- 115 g (niepełna 1 szklanka) wyłuskanych orzechów włoskich
- 30 g (¼ szklanki) kakao w proszku lub surowego ziarna kakaowego w proszku
- 4 łyżki wyłuskanych nasion konopi
- 60 g (niepełna ½ szklanki) lukumy w proszku
- 2 łyżki nasion szałwii hiszpańskiej chia lub mielonego siemienia lnianego
- starta skórka i sok z 1 cytryny
- 75 g (niepełna ½ szklanki) masła orzechowego z migdałów lub nerkowców

Lukuma w proszku robiona jest z bardzo pożywnego peruwiańskiego owocu, tradycyjnie używanego do lodów i deserów, i ma smak syropu klonowego. Te batony są bardzo zdrowe i znakomite na śniadanie lub na przekąskę, czy to prosto z lodówki, czy też z pudełka z lunchem (z tym, że jedzone w temperaturze pokojowej będą nieco bardziej miękkie).

1 Namocz daktyle na 10 minut w gorącej wodzie, następnie odcedź i odstaw. Wyłóż papierem do pieczenia płaskie kwadratowe naczynie do zapiekania o boku 20 cm. Wsyp orzechy do blendera lub miksera, bardzo drobno zmiksuj. Przełóż do miski, dodaj kakao, konopie, lukumę i nasiona chia.

2 Włóż daktyle do blendera lub miksera, dodaj skórkę i sok z cytryny oraz masło orzechowe, zmiksuj na gęstą pastę. Przełóż do miski, wymieszaj wszystko razem rękoma na miękkie ciasto.

3 Przełóż ciasto do formy, rozłóż, ugniatając. Wstaw do lodówki na 1–2 godziny lub do zamrażarki na 1 godzinę. Pokrój na batony i podaj. Przechowuj, każdy baton opakowany osobno, w lodówce do 1 tygodnia lub w zamrażarce do 1 miesiąca.

SKŁADNIKI ODŻYWCZE W PORCJI
Białko 4,4 g, **Węglowodany** 11,6 g, w tym cukry 6,7 g, **Tłuszcze** 14,3 g, w tym nasycone 1,6 g, **Kaloryczność** 194 kcal

WARTOŚCI ZDROWOTNE
Dodatek daktyli to świetny sposób na słodzenie potraw, tym bardziej że zawarty w nich rozpuszczalny błonnik spowalnia uwalnianie cukru w organizmie, a więc energii starcza na dłużej. Lukuma to wygodna naturalna substancja słodząca o niskim indeksie glikemicznym. Dostarcza także błonnika, witamin i minerałów, w tym beta-karotenu, niacyny (B_3) oraz żelaza.

Przygotuj wcześniej batony
na pożywne śniadanie.

Śniadanie bogate w proteiny pomoże zachować energię przez cały ranek.

Jajka zapiekane po hiszpańsku

Inspirowane kuchnią hiszpańską wiejskie śniadanie lub lekki posiłek łączy bogatą w przeciwutleniacze paprykę i pomidory z ziołami. W dużej części może być przygotowane z wyprzedzeniem, potem wystarczy tylko wbić jajka i dokończyć gotowanie. Przepis mówi o jednym jajku na osobę, ale można dać więcej lub dodać do warzyw przepłukaną i osączoną ciecierzycę z puszki.

NA 4 porcje
PRZYGOTOWANIE: 10 minut
GOTOWANIE I ZAPIEKANIE: 20 minut

- 2 łyżki oliwy
- 1 czerwona cebula, drobno posiekana
- 1 czerwona papryka, oczyszczona z nasion i pokrojona w paski
- 1 żółta papryka, oczyszczona z nasion i pokrojona w paski
- 2 ząbki czosnku, rozgniecione
- ½ łyżeczki lub według gustu pasty harissa
- ½ łyżeczki wędzonej papryki
- 400 g (1⅔ szklanki) krojonych pomidorów z puszki
- 2 łyżki soku z cytryny
- 1 łyżka posiekanej natki pietruszki plus dodatkowa do posypania
- 1 łyżka posiekanego szczypiorku plus dodatkowy do posypania
- 4 jajka
- świeżo zmielony czarny pieprz

1 Rozgrzej piekarnik do temperatury 160°C. Rozgrzej oliwę na patelni na małym ogniu – najlepiej używać patelni do piekarnika – dodaj cebulę, papryki, czosnek i przyprawy. Smaż wolno przez 10 minut lub aż papryka zmięknie.

2 Dodaj pomidory, wolno gotuj 1–2 minuty, aż sos zgęstnieje. Wlej sok z cytryny, wymieszaj, posyp ziołami.

3 Jeśli to konieczne przełóż warzywa do płaskiego naczynia do zapiekania lub kilku kokilek. W warzywach zrób cztery wgłębienia (lub po jednym w każdej kokilce), w każde wbij jajko. Oprósz pieprzem. Zapiekaj 6–8 minut, aż białka się zetną, a żółtka pozostaną nieco płynne. Podawaj gorące, posypane ziołami. Przechowuj w lodówce 1 dzień.

SKŁADNIKI ODŻYWCZE W PORCJI

Białko 8,7 g, **Węglowodany** 9,9 g, w tym cukry 8,9 g, **Tłuszcze** 10,5 g, w tym nasycone 2,3 g, **Kaloryczność** 169 kcal

WARTOŚCI ZDROWOTNE

Czosnek zawiera silne substancje roślinne działające przeciw drobnoustrojom oraz nowotworom. Papryka, szczególnie czerwona, to jedno z najlepszych źródeł witaminy C, która wzmacnia odporność komórek. W dużym owocu czerwonej papryki jest około 250 mg tej witaminy. Kwas foliowy w jajkach jest bardzo ważny dla replikacji DNA, a także chroni je w trakcie radioterapii.

Tureckie śniadanie

NA 2 porcje
PRZYGOTOWANIE: 5 minut
PIECZENIE: 15 minut

3 pomidory dojrzałe na krzaku, przekrojone na połówki
1 cukinia, pokrojona w grube skośne plastry
2 łyżki oliwy
1 ząbek czosnku, drobno posiekany
1 łyżeczka posiekanego oregano
2 jajka
60 g (½ szklanki) czarnych oliwek bez pestek
60 g sera feta
sól morska i świeżo zmielony czarny pieprz

Pożywne letnie danie ze śródziemnomorskich pieczonych pomidorów i cukinii, aromatyzowane oregano i czosnkiem, z dodatkiem oliwek. Ser feta i jajka uzupełniają warzywa proteinami. To znakomite późne śniadanie. Jeśli unikacie produktów mlecznych, wbijcie po dwa jajka.

1 Rozgrzej piekarnik do temperatury 180°C. Pomidory ułóż na blasze przekrojoną stroną do góry, dodaj cukinię. Skrop oliwą, posyp czosnkiem i oregano. Oprósz solą i pieprzem. Piecz 15 minut lub aż warzywa będą miękkie.

2 W tym czasie wlej wrzącą wodę na patelnię na wysokość 2,5 cm. Ponownie doprowadź do wrzenia, a następnie zmniejsz ogień, by woda tylko lekko wrzała. Wbijaj kolejno jajka, gotuj 6–8 minut, aż białka się zetną, a żółtka pozostaną nieco płynne. Wymieszaj warzywa z serem i oliwkami, podawaj z jajkami w koszulkach. Przechowuj w lodówce 1 dzień.

SKŁADNIKI ODŻYWCZE W PORCJI

Białko 13,3 g, **Węglowodany** 4,6 g, w tym cukry 4,5 g, **Tłuszcze** 19,9 g, w tym nasycone 7 g, **Kaloryczność** 251 kcal

WARTOŚCI ZDROWOTNE

Jedzenie jajek to oszczędny sposób, by dostarczyć organizmowi protein. Jedno jajko zawiera około 6 g pełnowartościowego białka wysokiej jakości. To również dobre źródło choliny – podstawowego składnika wielu związków zawierających tłuszcz w błonie komórkowej, co sprawia, że jest ona szczególnie ważna dla mózgu i zdrowia.

Sardynki z pieczonymi pomidorami

Pieczenie intensyfikuje słodki smak pomidorów, a także zwiększa ich wartość odżywczą, co czyni z nich superzdrową propozycję na śniadanie. Najlepiej podawać z chlebem pieczonym na zakwasie.

NA 4 porcje
PRZYGOTOWANIE: 5 minut
PIECZENIE: 15 minut

2 łyżki oliwy lub roztopionego oleju kokosowego
2 ząbki czosnku, rozgniecione
200 g (1⅓ szklanki) pomidorków koktajlowych
200 g młodych liści szpinaku
1 łyżeczka soku z cytryny
60 g (⅓ szklanki) orzeszków piniowych lub słonecznika
240 g sardynek z puszki, w zalewie lub oleju, osączonych
sól morska i świeżo zmielony czarny pieprz

1 Rozgrzej piekarnik do temperatury 190°C. Oliwę wymieszaj z czosnkiem.

2 Ułóż pomidorki w naczyniu do zapiekania, polej oliwą z czosnkiem, oprósz solą i pieprzem. Piecz 10 minut lub aż pomidory będą miękkie, ale zachowają kształt.

3 Dodaj szpinak i sok z cytryny, delikatnie wymieszaj z pomidorkami, piecz jeszcze 5 minut. Posyp orzeszkami piniowymi i podawaj z sardynkami. Ewentualnie można sardynki dołożyć razem ze szpinakiem na ostatnie 5 minut pieczenia. Przechowuj w lodówce przez 1 dzień.

SKŁADNIKI ODŻYWCZE W PORCJI
Białko 20,1 g, **Węglowodany** 2,9 g, w tym cukry 2,8 g, **Tłuszcze** 22,6 g, w tym nasycone 4,7 g, **Kaloryczność** 295 kcal

WARTOŚCI ZDROWOTNE
Dzięki połączeniu pieczonych pomidorów z tłustą rybą bogatą w kwasy tłuszczowe omega-3 dużo łatwiejsze staje się przyswajanie likopenu, ważnej substancji, która znajduje się w tych warzywach i która odgrywa istotną rolę w przeciwdziałaniu pewnym rodzajom nowotworu. Wartościowym dodatkiem jest także szpinak bogaty w witaminy i minerały.

Zupy i lekkie dania

Gdy nie macie na nic siły ani apetytu, dobrym wyjściem jest przygotowanie czegoś szybkiego i łatwego, ale przy tym pożywnego. Prosto przyrządzone buliony lub lekkie dania mięsne, rybne lub wegetariańskie będą zawierały wiele produktów o działaniu łagodzącym i leczniczym. Zupy i lekkie dania zamieszczone w tym rozdziale nieco różnią się od tradycyjnych, jak chociażby wspaniała kremowa zupa z brokułów i nerkowców bez dodatku produktów mlecznych czy szybkie i proste sycylijskie danie z krewetek. Wszystkie przepisy skupiają się na tym, by używać składników, które uważane są za pomocne w leczeniu nowotworów, wspieraniu odporności, zmniejszaniu stanów zapalnych i wspomaganiu procesu gojenia. Wiele z nich można przygotować wcześniej. Jeśli ktoś nie je produktów pochodzenia zwierzęcego, niektóre dania można dostosować, używając protein roślinnych.

Po lewej: Kremowa zupa kalafiorowa (strona 72/73)
Powyżej: Sałatka z superzieleniny z kurczakiem i sosem orzechowym (strona 76/77)

Zupa z brokułów i nerkowców

NA 4 porcje
PRZYGOTOWANIE: 20 minut
GOTOWANIE: 6 minut

1 l (4 szklanki) bulionu warzywnego
2 ząbki czosnku, rozgniecione
1 cm świeżego imbiru, obrany i starty
60 g (⅓ szklanki) nerkowców
1 łyżeczka tajskiego sosu rybnego
1 łyżka octu jabłkowego
1 łyżka sosu tamari plus dodatkowy do skropienia
500 g brokułów, pokrojonych na małe różyczki
1 łyżka oliwy lub oleju z orzechów włoskich
sól morska i świeżo zmielony czarny pieprz

Aksamitna zupa, znakomita na te chwile, gdy apetyt nie dopisuje lub też szukacie czegoś pożywnego do zjedzenia w jednej misce. Ma azjatyckie akcenty, w tym słony i cierpki tajski sos rybny, dobrze uzupełniający smak nerkowców. Najlepiej podawać z chlebem razowym, pszennym lub żytnim.

1 Wlej bulion do garnka, dodaj czosnek, imbir, nerkowce, sos rybny, ocet i tamari, doprowadź do wrzenia. Włóż brokuły, gotuj na małym ogniu 2 minuty lub aż zmiękną.

2 Zmiksuj zupę w blenderze lub mikserze, powinna być gładka i gęsta. Dolej oliwę, zmiksuj, by wymieszać. Dopraw do smaku solą i pieprzem. Podawaj skropioną odrobiną tamari do smaku. Przechowuj w lodówce do 3 dni lub w zamrażarce do 1 miesiąca.

SKŁADNIKI ODŻYWCZE W PORCJI
Białko 8,5 g, **Węglowodany** 5,2 g, w tym cukry 2,8 g, **Tłuszcze** 12,3 g, w tym nasycone 2 g, **Kaloryczność** 167 kcal

WARTOŚCI ZDROWOTNE
Połączenie brokułów, czosnku i imbiru dostarcza składniki odżywcze i substancje fitochemiczne modulujące funkcje układu odpornościowego, a także zmniejszające stany zapalne.

Pomidory dojrzałe na krzaku i kleks pesto obfitującego w omega-3 to więcej niż tylko dobry smak.

Zupa fasolowa z czosnkiem i pesto

Dzięki zastosowaniu pieczonego czosnku i pomidorów ta zupa w stylu śródziemnomorskim nabiera naturalnie słodkiego, karmelizowanego aromatu. Pesto, o cierpkim cytrynowym smaku, można przyrządzić wcześniej i przechować w lodówce. Rozcieńczone niewielką ilością bulionu warzywnego będzie również służyć jako sos do skrapiana warzyw i ziaren. Najlepiej podawać z ciastkami owsianymi bez cukru.

NA 4 porcje
PRZYGOTOWANIE: 10 minut
PIECZENIE I GOTOWANIE: 35 minut

1 główka czosnku, ząbki obrane
2 łyżki oliwy
450 g pomidorów dojrzałych na krzaku, przekrojonych na ćwiartki
400 g (2 szklanki) fasoli borlotti lub kidney z puszki, osączonej i przepłukanej
700 ml (2¾ szklanki) bulionu warzywnego
1 łyżka soku z cytryny
sól morska i świeżo zmielony czarny pieprz

Pesto z pestek dyni
30 g (¼ szklanki) pistacji, wyłuskanych
30 g (¼ szklanki) pestek z dyni, wyłuskanych
2 duże garście liści bazylii
garść liści mięty
1 ząbek czosnku, rozgnieciony
2 łyżki drożdży odżywczych w płatkach, ewentualnie
1 łyżka soku z cytryny
2–3 łyżki oliwy lub oleju z orzechów włoskich

1 Rozgrzej piekarnik do temperatury 200°C. Ułóż ząbki czosnku w formie od pieczenia, polej oliwą, wymieszaj. Piecz 15 minut, dodaj pomidory, piecz jeszcze 10–15 minut, aż czosnek zrumieni się na jasnozłoty kolor, a pomidory będą miękkie.

2 Włóż czosnek i pomidory do blendera lub miksera, dodaj fasolę i bulion, zmiksuj na gładko. Przelej do garnka, podgrzej na małym ogniu. Dodaj sok z cytryny, dopraw do smaku solą i pieprzem.

3 Przygotuj pesto: włóż orzechy i pestki dyni do miksera, drobno zmiel. Dodaj zioła, czosnek, ewentualnie płatki drożdżowe, sok z cytryny i szczyptę soli, zmiksuj razem. Miksując, stopniowo wlewaj oliwę, by powstało gęste pesto. Zupę podawaj z łyżką pesto. Przechowuj w lodówce: zupę do 3 dni, a pesto do tygodnia.

SKŁADNIKI ODŻYWCZE W PORCJI
Białko 5,9 g, **Węglowodany** 13,7 g, w tym cukry 5,5 g, **Tłuszcze** 3,9 g, w tym nasycone 0,5 g, **Kaloryczność** 116 kcal

WARTOŚCI ZDROWOTNE
Pomidory dostarczają wielu przeciwutleniaczy i substancji fitochemicznych, które chronią przed pewnymi rodzajami raka. Jedną z nich, tomatynę, łączy się z zapobieganiem nowotworowi prostaty, a karotenoid likopen może chronić przed rakiem sutka. Pesto obfituje w kwasy tłuszczowe omega-3, cynk z pestek dyni i miętę łagodzącą trawienie.

Kremowa zupa kalafiorowa

NA 4 porcje
PRZYGOTOWANIE: 10 minut
GOTOWANIE: 20 minut

1 łyżka oliwy lub oleju kokosowego
1 cebula, drobno posiekana
3 ząbki czosnku, grubo posiekane
½ łyżeczki kurkumy
1 czerwona papryczka chili, oczyszczona z nasion i pokrojona w kostkę, ewentualnie
1 duży kalafior, podzielony na różyczki
400 ml (1½ szklanki) mleczka kokosowego z puszki
600 ml (2½ szklanki) bulionu warzywnego
2 łyżeczki sosu tamari
świeżo mielony czarny pieprz
garść listków kolendry, posiekanych, do posypania

Łagodna zupa bez produktów mlecznych, ale za to z kokosem i pikantnym akcentem czosnku i chili. Można przygotować ją wcześniej, by potem tylko podgrzać. Najlepiej podawać z opiekanymi kromkami żytniego chleba razowego lub pumperniklem.

1 Rozgrzej oliwę w dużym garnku na średnim ogniu, włóż cebulę, czosnek, kurkumę i ewentualnie chili, smaż 5 minut. Dodaj różyczki kalafiora, wymieszaj, by pokryły się tłuszczem.

2 Dolej mleczko kokosowe, bulion i tamari. Doprowadź do wrzenia, zmniejsz ogień i wolno gotuj 15 minut lub aż kalafior zmięknie. Dopraw pieprzem do smaku.

3 Zmiksuj zupę blenderem lub mikserem na gładki krem. Podawaj posypaną posiekaną kolendrą. Przechowuj w lodówce do 3 dni lub w zamrażarce do 1 miesiąca.

SKŁADNIKI ODŻYWCZE W PORCJI

Białko 4,7 g, **Węglowodany** 10,7 g, w tym cukry 9,3 g, **Tłuszcze** 3,8 g, w tym nasycone 2,4 g, **Kaloryczność** 95 kcal

WARTOŚCI ZDROWOTNE

Zawarta w kurkumie kurkumina ma działanie chroniące przed nowotworem, a do tego przeciwzapalne. Chili natomiast zawiera kapsaicynę również znaną ze swoich właściwości przeciwrakowych. Kalafior to warzywo z rodziny kapustnych, bogate w substancje roślinne zwane glukozynolanami, które mogą pomagać w aktywowaniu enzymów detoksykacyjnych i zmniejszać obciążenie organizmu toksynami. Obfituje również w przeciwutleniacze, w tym witaminę C, mangan i inne substancje fitochemiczne, a także witaminę K znaną z właściwości przeciwzapalnych.

Zupy są dla organizmu niezwykle łagodnym pokarmem i pomagają wrócić do zdrowia.

Zupa paprykowa z kremem chili

NA 4 porcje
PRZYGOTOWANIE: 10 minut
GOTOWANIE: 25 minut plus stygnięcie i chłodzenie

- 3 czerwone papryki, przekrojone na pół i oczyszczone z nasion
- 1 łyżka oliwy lub oleju kokosowego
- 1 czerwona cebula, drobno posiekana
- 1 ząbek czosnku, rozgnieciony
- szczypta suszonych płatków chili, ewentualnie
- 600 ml (2½ szklanki) bulionu warzywnego
- 400 g (2 szklanki) fasoli cannellini z puszki, osączonej i przepłukanej

Krem chili

- 100 g (⅓ szklanki) jogurtu greckiego
- 1 czerwona papryczka chili, oczyszczona z nasion i drobno posiekana
- 2 łyżki grubo posiekanych liści bazylii

Dodatek fasoli cannellini zapewnia proteiny temu letniemu chłodnikowi, udekorowanemu kleksem jogurtu z chili, choć jeśli ktoś woli, może chili pominąć. Ta zupa równie dobrze smakuje na ciepło. Najlepiej podawać z chlebem na zakwasie lub ciastkami owsianymi.

1 Rozgrzej grill. Ułóż papryki na blasze do pieczenia, przekrojoną stroną do dołu, piecz, aż skórka sczernieje. Przełóż do miski, przykryj folią do żywności, odstaw na 10 minut, by ostygły. Zdejmij skórkę, miąższ posiekaj.

2 Rozgrzej oliwę w dużym rondlu na małym ogniu, włóż cebulę i czosnek, smaż 3–4 minuty, aż zmiękną. Dodaj paprykę i ewentualnie chili, wymieszaj.

3 Wlej bulion, dodaj fasolę i doprowadź do wrzenia. Przykryj, wolno gotuj 10 minut. Zmiksuj zupę w blenderze lub mikserze, a następnie przetrzyj przez sitko. Przykryj i odstaw do schłodzenia do momentu podania (lub podgrzej, jeśli podajesz zupę na ciepło).

4 Przygotuj krem chili: włóż jogurt, chili i bazylię do miksera, krótko zmiksuj pulsacyjnie - kawałki bazylii i chili powinny być trochę widoczne. Podawaj zupę z łyżką kremu. Przechowuj w lodówce do 3 dni lub w zamrażarce do 1 miesiąca.

SKŁADNIKI ODŻYWCZE W PORCJI

Białko 4,8 g, **Węglowodany** 13,6 g, w tym cukry 6,5 g, **Tłuszcze** 3,5 g, w tym nasycone 2,4 g, **Kaloryczność** 104 kcal

WARTOŚCI ZDROWOTNE

Fasola cannellini dostarcza białka, a także rozpuszczalnego błonnika, pomagając w pracy przewodu pokarmowego. Papryka jest świetnym źródłem witaminy C, a także chroniących przed nowotworami substancji fitochemicznych, takich jak likopen i beta-karoten (z niego powstaje witamina A).

Azjatyckie pulpety z indyka z sosem

Gdy nie macie apetytu, azjatycki aromat tych pulpecików będzie szczególnie kuszący. Mają dużo protein i witamin z grupy B, które razem podwyższą poziom energii, a sos jogurtowy z imbirem i miętą dodatkowo pomoże złagodzić kłopoty z trawieniem. Najlepiej podawać z surówką lub wiosennymi zielonymi warzywami ugotowanymi na parze.

NA 2 porcje
PRZYGOTOWANIE: 15 minut plus chłodzenie
SMAŻENIE: 16 minut

250 g fileta z indyka bez skóry, posiekanego
2 łyżki tajskiego sosu rybnego
1 łyżka sosu tamari
1 cm świeżego imbiru, obranego i startego
½ czerwonej cebuli, drobno posiekanej
1 ząbek czosnku, rozgnieciony
1 łyżka oliwy lub oleju kokosowego

Sos
200 g (¾ szklanki) jogurtu greckiego lub jogurtu sojowego
2 zielone papryczki chili, oczyszczone z nasion i posiekane, ewentualnie
1 garść listków mięty, drobno posiekanych
1 cm świeżego imbiru, obranego i startego
sól morska i świeżo zmielony czarny pieprz

1. Przygotuj sos: włóż wszystkie składniki do blendera lub miksera, krótko miksuj, by się wymieszały. Schłodź w lodówce do chwili podania.
2. Włóż mięso indyka do blendera lub miksera, dodaj sos rybny, tamari, imbir, cebulę i czosnek. Zmiksuj na grube purée. Przełóż do miski, przykryj i schłódź w lodówce 20 minut.
3. Wilgotnymi dłońmi uformuj 8 pulpetów z masy mięsnej. Rozgrzej oliwę na patelni na średnim ogniu, partiami smaż pulpety, aż się zrumienią, po 3–4 minuty z każdej strony. Podawaj z sosem. Przechowuj w lodówce do 3 dni lub surowe w zamrażarce do 1 miesiąca.

SKŁADNIKI ODŻYWCZE W PORCJI
Białko 36,6 g, **Węglowodany** 16,6 g, w tym cukry 14,9 g, **Tłuszcze** 2,2 g, w tym nasycone 1 g, **Kaloryczność** 225 kcal

WARTOŚCI ZDROWOTNE
Chude mięso indyka obfituje w proteiny, a tu dodatkowo podane jest z imbirem ułatwiającym trawienie. Kapsaicyna zawarta w chili nadaje jej charakterystyczny piekący smak i jest silnym inhibitorem substancji P, neuropeptydu związanego z procesami zapalnymi w organizmie. Badania wskazują również, że może ona zatrzymywać rozwój komórek raka prostaty i zmniejszać poziom PSA (swoistego antygenu sterczowego).

Mieszanka naturalnych smaków
pobudza i odżywia całe ciało.

Sałatka z superzieleniny z kurczakiem i sosem orzechowym

Ta cierpka i pieprzna, a jednocześnie przebogata w składniki odżywcze sałatka obfituje w witaminy, minerały, proteiny i zdrowe tłuszcze. Dodatek orzechów i pestek dyni zapewnia nieco chrupkości i dostarcza takich mikroelementów jak magnez, mangan, żelazo, cynk i selen. Pieczony kurczak, dodatkowa porcja białka, może być zastąpiony fasolą z puszki.

NA 4 porcje
PRZYGOTOWANIE: 10 minut plus 20 minut moczenie

po 115 g rukwi wodnej, rukoli i młodych listków szpinaku
60 g (1¾ szklanki) kiełków lucerny
60 g kiełków fasoli mung
2 pieczone piersi z kurczaka bez skóry
1 dojrzałe awokado, pokrojone w plastry
60 g (⅓ szklanki) orzechów brazylijskich, grubo posiekanych
30 g (¼ szklanki) pestek dyni, wyłuskanych
1 arkusz nori

Sos orzechowy
125 g (¾ szklanki) nerkowców
1 ząbek czosnku
starta skórka i sok z 1 limonki
2 łyżeczki spiruliny lub chlorelli w proszku, ewentualnie
2 łyżeczki drożdży odżywczych w płatkach, ewentualnie
świeżo zmielony czarny pieprz

1 Przygotuj sos: zalej nerkowce wodą, mocz 20 minut, następnie osącz. Włóż do blendera lub miksera, dodaj pozostałe składniki sosu. Wlej 125 ml (½ szklanki) wody, dopraw nieco pieprzem, zmiksuj na luźny, lejący sos. W razie konieczności dolej trochę wody.
2 W dużej misce wymieszaj razem rukiew, rukolę, szpinak, kiełki lucerny i fasoli mung. Jeśli lubisz, skrop niewielką ilością sosu orzechowego i wymieszaj.
3 Pokrój mięso w plastry. Sałatkę posyp pokruszonym nori i polej dodatkowym sosem. Podawaj z plastrami kurczaka, awokado, orzechami oraz pestkami dyni. Przechowuj w lodówce, bez sosu, przez 2 dni.

SKŁADNIKI ODŻYWCZE W PORCJI
Białko 25,1 g, **Węglowodany** 4,2 g, w tym cukry 1,5 g, **Tłuszcze** 24,2 g, w tym nasycone 5,4 g, **Kaloryczność** 335 kcal

WARTOŚCI ZDROWOTNE
Gorzkawa zielenina, taka jak rukola czy rukiew, jest dobra do pobudzania wydzielania soków trawiennych i jednocześnie ma mnóstwo ochronnych przeciwutleniaczy. Ewentualny dodatek do sosu zielonej superżywności w proszku – spiruliny i chlorelli – to znakomity sposób, by zwiększyć ilość aminokwasów (cząsteczek budujących białka), witamin i minerałów w diecie.

Japońskie burgery jagnięce z majonezem wasabi

NA 4 porcje
PRZYGOTOWANIE: 15 minut
SMAŻENIE: 15 minut

400 g mielonej chudej jagnięciny
1 ząbek czosnku, rozgnieciony
1 czerwona cebula, starta
1 łyżka oliwy lub oleju kokosowego, ewentualnie
sól morska i świeżo zmielony czarny pieprz

Majonez wasabi
150 g jedwabistego tofu, pokrojonego w kostkę
3 łyżki oliwy lub oleju lnianego
1 łyżka soku z cytryny
1 łyżeczka ksylitolu (cukru brzozowego) lub ½ łyżeczki stewii
szczypta zielonej herbaty matcha w proszku, ewentualnie
1 łyżeczka wasabi w proszku

Szybkie i łatwe kotlety z dodatkiem cierpkiego majonezu z wasabi. Można je zamrozić surowe, dzięki czemu zawsze będą pod ręką, gdy nie będziecie mieli ochoty na przygotowywanie posiłku. Można je usmażyć lub upiec na grillu, a następnie podać z zieloną sałatą lub warzywami na parze.

1 Włóż jagnięcinę do dużej miski, dodaj czosnek i cebulę, dopraw do smaku. Dobrze wymieszaj dłońmi, uformuj 8 kulek, następnie każdą lekko spłaszcz na kształt burgera.
2 Jeśli zamierzasz kotlety smażyć, rozgrzej olej na patelni na średnim ogniu, smaż po 5 minut z obu stron lub aż będą gotowe. Ewentualnie rozgrzej grill, ułóż burgery na blasze wyłożonej folią aluminiową, piecz po 6–7 minut z obu stron, aż będą dobrze ścięte, ale nie za mocno spieczone.
3 Przygotuj majonez: włóż wszystkie składniki do blendera lub miksera, zmiksuj na gładko. Jeśli sos wychodzi zbyt gęsty, ewentualnie dolej nieco wody. Burgery oprósz pieprzem, podawaj z majonezem. Surowe kotlety możesz przechować w zamrażarce do 1 miesiąca.

SKŁADNIKI ODŻYWCZE W PORCJI
Białko 22,4 g, **Węglowodany** 2,7 g, w tym cukry 2,2 g, **Tłuszcze** 23,9 g, w tym nasycone 9,3 g, **Kaloryczność** 314 kcal

WARTOŚCI ZDROWOTNE
Jagnięcina pochodzi ze zwierząt karmionych trawą, a więc stanowi dobre źródło kwasów tłuszczowych omega-3. Ma również dużo białka, przeciwutleniaczy, selenu i cynku, które wspomagają odporność, a także witaminy z grupy B, ważne dla produkcji energii. Japońskie wasabi o niepowtarzalnym smaku jest stosowane od wieków właśnie dla swojego aromatu, ale tutaj dodatkowo liczy się jego działanie przeciw drobnoustrojom, nowotworom i stanom zapalnym.

Majonez wasabi pobudzi
osłabiony apetyt.

Sardynki zapiekane z limonkami i kokosem

Gdy czujecie się słabi, ta potrawa będzie w sam raz, ponieważ wymaga jedynie niewielkich przygotowań i wspaniale smakuje. Sardynki są tanie i bardzo pożywne, a dzięki dodatkowi warzyw całe danie staje się wygodnym jednogarnkowym posiłkiem, zbierającym same zdrowe punkty. Zamiast sardynek można je również przyrządzić z filetami z makreli.

NA 4 porcje
PRZYGOTOWANIE: 10 minut
PIECZENIE: 25 minut

- 400 ml (1½ szklanki) mleczka kokosowego z puszki
- 1 łyżka skrobi kukurydzianej
- 2 łyżeczki czerwonej tajskiej pasty curry
- starta skórka i sok z 1 limonki
- 1 łyżeczka kurkumy
- 80 ml (⅓ szklanki) bulionu warzywnego lub wody
- 8 sardynek lub 4 małe makrele, filetowane
- 1 kapusta chińska pak choi, pokrojona na ćwiartki
- 12 pomidorków cherry, przekrojonych na połówki
- sól morska i świeżo zmielony czarny pieprz

1 Rozgrzej piekarnik do temperatury 180°C. Skrobię kukurydzianą wymieszaj z odrobiną mleczka kokosowego na gładką pastę. Pozostałe mleczko kokosowe wlej do garnka, dodaj pastę ze skrobi, pastę curry, skórkę i sok z limonki, kurkumę oraz bulion. Mieszając, delikatnie podgrzewaj, aż mieszanka zgęstnieje. Dopraw do smaku solą i pieprzem.

2 Ułóż sardynki w dużym płaskim naczyniu do zapiekania, skórą do dołu, dodaj pak choi. Zalej sosem kokosowym, a pomiędzy filetami rozłóż pomidorki. Piecz 20 minut lub aż sardynki będą upieczone. Podaj od razu. Najlepsze jest świeże, ale można przechować w lodówce 1 dzień.

SKŁADNIKI ODŻYWCZE W PORCJI

Białko 43,5 g, **Węglowodany** 15,1 g, w tym cukry 8,4 g, **Tłuszcze** 20,2 g, w tym nasycone 5,7 g, **Kaloryczność** 413 kcal

WARTOŚCI ZDROWOTNE

Sardynki to obfite źródło przeciwzapalnych kwasów tłuszczowych omega-3, a do tego protein, które pomagają utrzymać masę mięśniową i ułatwiają gojenie. Zawierają też witaminę D, wapń i selen.

Krewetki po sycylijsku

NA 4 porcje
PRZYGOTOWANIE: 15 minut plus marynowanie 1 godzina lub przez noc
SMAŻENIE: 3 minuty

24 surowe krewetki królewskie, obrane
1 łyżeczka oliwy lub oleju kokosowego

Sos ze świeżych ziół
2 łyżki kaparów, przepłukanych
1 filecik anchois z puszki
2 ząbki czosnku
szczypta suszonych płatków chili, ewentualnie
po garści listków mięty, kolendry i natki pietruszki
3 łyżki octu balsamicznego
6 łyżek oliwy
sól morska i świeżo zmielony czarny pieprz

Sałatka z pieczonej papryki
3 pieczone czerwone papryki ze słoika, pokrojone w paski
1 czerwona cebula, drobno posiekana
2 łyżki kaparów, przepłukanych
8 czarnych oliwek bez pestek, przekrojonych na połówki

Na to szybkie do przygotowania, bogate w białko danie składają się soczyste krewetki marynowane w sosie ze świeżych ziół i prosta sałatka z pieczonej papryki. Dzięki marynowaniu smak krewetek jest jeszcze lepszy niż zwykle. Samą sałatkę z sosem, bez krewetek, można też zjeść jako lekki posiłek lub przekąskę.

1 Przygotuj sos: włóż wszystkie składniki do minimiksera, krótko zmiksuj pulsacyjnie na grube cząstki.
2 Ułóż krewetki w płaskim naczyniu, polej połową sosu. Przykryj i wstaw do lodówki na 1–2 godziny lub na noc, by się marynowały.
3 Rozgrzej oliwę na patelni na średnim ogniu. Włóż krewetki z sosem, smaż 2–3 minuty aż się zetną i nabiorą różowego koloru.
4 Wymieszaj w misce wszystkie składniki sałatki. Krewetki ułóż na sałatce, podawaj skropione pozostałym sosem. Przechowuj w lodówce bez sosu do 2 dni.

SKŁADNIKI ODŻYWCZE W PORCJI
Białko 12,8 g, **Węglowodany** 5,4 g, w tym cukry 4,9 g, **Tłuszcze** 25,6 g, w tym nasycone 4,3 g, **Kaloryczność** 306 kcal

WARTOŚCI ZDROWOTNE
Krewetki to dobre źródło omega-3, selenu i witamin z grupy B. W krewetkach i rybach z zimnych wód znajduje się kwas dokozaheksaenowy (DHA), kwas tłuszczowy omega-3, który, jak udowodniono, zmniejsza rozmiar guzów nowotworowych i wzmacnia pozytywne działanie niektórych substancji stosowanych w chemioterapii, jednocześnie ograniczając ich skutki uboczne.

Kalmary z patelni z czerwoną kapustą i orzechami

Tę ciepłą, chrupiącą sałatkę można podać zamiast sałatki coleslaw. Czerwona kapusta to warzywo kapustowate bogate w składniki odżywcze, a połączona z jabłkami, orzechami i wiśniami tworzy kolorowy, zdrowy posiłek, bardzo odżywczy nawet bez kalmarów.

NA 4 porcje
PRZYGOTOWANIE: 10 minut
SMAŻENIE: 10 minut

- 60 g (½ szklanki) połówek orzechów włoskich
- 250 g kalmarów, oczyszczonych i przygotowanych
- 2 łyżki oliwy lub oleju kokosowego
- 1 mała czerwona kapusta, poszatkowana
- 2 ząbki czosnku, rozgniecione
- 1 cm świeżego imbiru, obrany i starty
- ½ czerwonej papryczki chili, oczyszczonej z nasion i drobno posiekanej, ewentualnie
- 2 jabłka deserowe, starte
- 3 łyżki octu jabłkowego
- 2 łyżki sosu tamari
- 1 łyżka świeżo wyciśniętego soku z limonki
- 2 łyżki posiekanych listków mięty
- 2 łyżki posiekanych listków kolendry
- 60 g (½ szklanki) suszonych wiśni bez dodatku cukru
- sól morska i świeżo zmielony czarny pieprz

1 Wsyp orzechy na suchą patelnię, praż na średnim ogniu 1 minutę, mieszając, a następnie grubo posiekaj. Odstaw. Rozetnij kalmary z jednej strony z góry na dół, rozłóż, natnij od wewnątrz na krzyż. Pokrój na kawałki na jeden kęs. Lekko oprósz solą i pieprzem.

2 Rozgrzej oliwę na patelni na średnim ogniu, włóż kawałki kalmarów i macki, smaż 1–2 minuty, mieszając, aż się zetną. Wyjmij łyżką cedzakową, odstaw. Na patelnię włóż kapustę, czosnek, imbir i ewentualnie chili, smaż 3 minuty, mieszając, aż kapusta nieco zmięknie.

3 Dodaj jabłka, wlej ocet, tamari i sok z limonki, smaż jeszcze 3–4 minuty, mieszając, aż kapusta będzie miękka, ale jeszcze nieco chrupiąca. Dodaj kalmary, wymieszaj, by się ogrzały, następnie wsyp zioła, wymieszaj, przełóż do miski. Posyp orzechami i wiśniami, oprósz solą i pieprzem. Podawaj od razu.

SKŁADNIKI ODŻYWCZE W PORCJI
Białko 13,9 g, **Węglowodany** 22,9 g, w tym cukry 21,6 g, **Tłuszcze** 16,3 g, w tym nasycone 5,3 g, **Kaloryczność** 291 kcal

WARTOŚCI ZDROWOTNE
Owoce morza, takie jak kalmary, dostarczają dodatkowych protein oraz minerałów, takich jak miedź, selen, fosfor i magnez. Selen jest szczególnie potrzebny do leczenia stanów zapalnych. Z kolei miedź jest konieczna do budowy czerwonych ciałek krwi, które pomagają utrzymać odpowiedni poziom energii.

Szaszłyki z tempeh z sosem hoisin

NA 4 porcje
PRZYGOTOWANIE: 5 minut plus co najmniej 1 godzina marynowanie
PIECZENIE: 10 minut

400 g tempeh
3 łyżki sosu hoisin
2 łyżki sosu tamari
2 cm świeżego imbiru, obranego i startego
1 czerwona papryczka chili, oczyszczona z nasion i posiekana, ewentualnie
1 ząbek czosnku, rozgnieciony
3 łyżki mirin lub 1 łyżka wina ryżowego
2 łyżki bulionu warzywnego lub wody

Marynowana sałatka z ogórków
½ ogórka
1 mała czerwona papryczka chili, oczyszczona z nasion i cienko pokrojona w paski-wstążeczki, ewentualnie
sok z ½ limonki
2 łyżki winnego octu ryżowego
2 łyżki sosu tamari
1 łyżka prażonych płatków nori
2 łyżki drobno posiekanej kolendry, do posypania

Tempeh, fermentowany produkt z soi, charakteryzuje się orzechowym smakiem i jest bardzo odżywczy. Obfituje w proteiny i błonnik i dobrze nadaje się na pożywne, energetyzujące, lekkie danie, równie dobrze sprawdzające się jako przekąska. Tu podajemy je z marynowaną sałatką z ogórków.

1 Osusz tempeh i pokrój w dwucentymetrową kostkę. Wymieszaj razem sos hoisin, tamari, imbir, ewentualnie chili, czosnek, mirin i bulion. Ułóż tempeh w płaskim naczyniu, polej marynatą. Odstaw do marynowania na 1 godzinę lub na noc.

2 Przygotuj sałatkę: pokrój ogórek na długie wstążki za pomocą obieraka do warzyw. Włóż do miski, ewentualnie dodaj chili. Wymieszaj razem pozostałe składniki, polej paski ogórka. Odstaw do marynowania na 30 minut. W tym czasie namocz w wodzie 8 drewnianych szpikulców do szaszłyków.

3 Mocno rozgrzej grill. Wyłóż blachę papierem do pieczenia. Na każdy szpikulec nadziej po 4 kostki tempeh, ułóż na blasze. Grilluj 8–10 minut, aż tempeh zrumieni się na złoto, od czasu do czasu obróć i posmaruj marynatą. Sałatkę posyp kolendrą, podawaj z szaszłykami. Przechowuj w lodówce do 2 dni.

SKŁADNIKI ODŻYWCZE W PORCJI
Białko 21,7 g, **Węglowodany** 12,5 g, w tym cukry 2,1 g, **Tłuszcze** 6,9 g, w tym nasycone 0 g, **Kaloryczność** 210 kcal

WARTOŚCI ZDROWOTNE
Tempeh ma dużo błonnika, przeciwutleniaczy i naturalnych izoflawonów, w tym genisteinę, którą łączy się z mniejszą zapadalnością na niektóre nowotwory, na przykład prostaty. Wykazano, że genisteina pobudza związki chemiczne blokujące cykl komórkowy, zapobiegając w ten sposób proliferacji komórek rakowych w prostacie.

Wspaniały smak i uzdrawiająca
siła azjatyckiej żywności.

Sałatka z jarmużu z prażonymi ziarnami

Ta prosta, oczyszczająca sałatka jest szybka w przygotowaniu i świetna na lekki lunch z dodatkiem jajek na twardo lub sera feta. Prażone ziarna i orzechy mogą również służyć za smaczną i zdrową przekąskę, warto więc przygotować ich więcej i trzymać w szczelnym pojemniku, by mieć dodatek do soków owocowych lub koktajli.

NA 4 porcje
PRZYGOTOWANIE: 10 minut
PRAŻENIE: 3 minuty

250 g jarmużu, duże łodygi wycięte, liście grubo posiekane
1 łyżeczka soli czosnkowej
1 łyżka drożdży odżywczych w płatkach, ewentualnie
1 dojrzałe awokado, obrane i bez pestki
3 łyżki soku z cytryny
½ łyżeczki mielonego kminu
1 łyżka oliwy lub oleju lnianego
2 łyżeczki sosu tamari
200 g (1⅓ szklanki) pomidorków koktajlowych, przekrojonych na połówki
garść kiełków lucerny

Prażone ziarna i orzechy
2 łyżki orzeszków piniowych
6 łyżek mieszanych ziaren, np. słonecznik, pestki dyni i konopi
2 łyżki sosu tamari

1 Przygotuj prażone ziarna i orzechy: wysyp je na suchą patelnię, lekko praż na średnim ogniu 1 minutę, mieszając. Gdy zaczną się rumienić, wlej sos tamari i wymieszaj. Praż jeszcze 1–2 minuty, aż nabiorą chrupkości. Odstaw do wystygnięcia.

2. Włóż jarmuż do dużej miski, posyp solą czosnkową i ewentualnie płatkami drożdżowymi. Wymasuj dłońmi, by liście zmiękły. Włóż awokado do blendera lub miksera, dodaj sok z cytryny, kmin, oliwę i tamari, zmiksuj na gładko. Wyłóż na jarmuż, dobrze wymieszaj, by pokrył się sosem. Dodaj pomidorki, wymieszaj, posyp kiełkami lucerny oraz prażonymi ziarnami i orzechami, podawaj. Przechowuj w lodówce do 2 dni.

SKŁADNIKI ODŻYWCZE W PORCJI
Białko 9,8 g, **Węglowodany** 7,8 g, w tym cukry 4,8 g, **Tłuszcze** 24,3 g, w tym nasycone 3,1 g, **Kaloryczność** 289 kcal

WARTOŚCI ZDROWOTNE
Jarmuż to kapustna superżywność bogata w glukozynolany, które odgrywają główną rolę w zapobieganiu wielu rodzajom nowotworów. Ma również dużo flawonoidów, przeciwutleniaczy pomagających łagodzić stany zapalne i zapobiegać niszczeniu komórek. Osoby z zaburzeniami tarczycy powinny ograniczyć spożycie surowych warzyw kapustnych, ponieważ mogą one ujemnie wpływać na jej funkcje i zmniejszać metabolizm.

Remoulade z selerem, jabłkiem i fenkułem

NA 4 porcje
PRZYGOTOWANIE: 15 minut

½ selera
2 jabłka, oczyszczone z gniazd nasiennych i pokrojone w cienkie plastry
2 fenkuły, pokrojone w cienkie plastry
2 łyżki kaparów, przepłukanych i drobno posiekanych
8 małych korniszonów, drobno posiekanych
3 łyżki posiekanej natki pietruszki plus dodatkowa do posypania
2 łyżki posiekanych listków mięty
sól morska i świeżo zmielony czarny pieprz

Majonez tofu

150 g jedwabistego tofu
1 łyżka musztardy dижоńskiej
starta skórka i sok z 1 cytryny
150 ml (⅔ szklanki) oliwy lub mieszanki olejów omega (lnianego, konopnego i oliwy)
nieco bulionu warzywnego lub wody, w miarę potrzeb

W tym daniu nie ma produktów mlecznych, a majonez tofu dostarcza proteiny, wapń, magnez i fitoestrogeny. Dla odrobiny koloru i jednocześnie wsparcia dla wątroby można spróbować dodać nieco surowego soku z buraka. Sałatkę można podać z mięsem lub rybą, a dodatkowe białko zapewnią też orzechy włoskie czy pekan. Jedwabiste tofu natomiast jest miękkie i dobrze nadaje się do przygotowania sosów i deserów.

1 Przygotuj majonez: włóż tofu i musztardę do miksera lub blendera, wlej sok z cytryny. Miksuj, powoli wlewając oliwę cienkim strumieniem, aż powstanie gęsty, kremowy sos. W razie potrzeby rozrzedź niewielką ilością bulionu lub wody. Dodaj skórkę z cytryny, wymieszaj.

2. Pokrój seler w słupki, włóż do miski, dodaj jabłka i fenkuły, a następnie kapary, korniszony, 3 łyżki natki i miętę. Polej majonezem tofu i wymieszaj. Dopraw do smaku solą i pieprzem, posyp natką i podawaj. Przechowuj w lodówce do 3 dni.

SKŁADNIKI ODŻYWCZE W PORCJI

Białko 4,9 g, **Węglowodany** 6,9 g, w tym cukry 6,5 g, **Tłuszcze** 37,1 g, w tym nasycone 3,5 g, **Kaloryczność** 407 kcal

WARTOŚCI ZDROWOTNE

Fenkuł (koper włoski) jest znany ze swoich właściwości wspomagających trawienie, w tym stymulowania pęcherzyka żółciowego i wydzielania żółci. Jabłka są dobrym źródłem pektyn – rozpuszczalnego błonnika również pomagającego w pracy przewodu pokarmowego.

Lekka, orzeźwiająca sałatka doskonale łagodząca przewód pokarmowy.

Sałatka z wodorostów i ogórka

Dzięki dodaniu wodorostów do sałatki w łatwy sposób można zwiększyć spożycie jodu, którego zwykle brakuje w diecie wielu z nas. Jego niedobór łączy się z rozwojem nowotworu sutka. To danie wywodzi się z kuchni japońskiej i może być podawane z rybą gotowaną na parze lub z krewetkami.

NA 4 porcje
PRZYGOTOWANIE: 10 minut plus moczenie 15 minut
GOTOWANIE: 5 minut

60 g mieszanych suszonych wodorostów
150 g (2 szklanki) mrożonej edamame (młodych strąków zielonej soi)
1 ogórek
200 g rukoli lub mieszanej zieleniny
3 cebulki dymki, pokrojone w cienkie plastry

Sos limonkowy
2 łyżki oliwy lub oleju lnianego
1 cm świeżego imbiru, obrany i starty
starta skórka i sok z 1 limonki
1 łyżka sosu tamari

1 Zalej wodorosty wodą, mocz 15 minut lub zgodnie z instrukcją na opakowaniu, następnie dobrze osącz. Włóż edamame do naczynia do gotowania na parze, gotuj na dużym ogniu 5 minut lub aż ziarna będą miękkie, następnie osącz i przelej zimną wodą.
2 Za pomocą obieraka do warzyw pokrój ogórek w długie wstążki. Wszystkie składniki sosu włóż do miseczki, dobrze roztrzep.
3 W dużej misce wymieszaj razem wodorosty, dymkę, ogórek i edamame, polej sosem i przed podaniem wymieszaj. Przechowuj w lodówce, bez sosu, do 2 dni.

SKŁADNIKI ODŻYWCZE W PORCJI
Białko 11,9 g, **Węglowodany** 4,3 g, w tym cukry 3,2 g, **Tłuszcze** 10,5 g, w tym nasycone 1,2 g, **Kaloryczność** 163 kcal

WARTOŚCI ZDROWOTNE
Warzywa morskie, takie jak dulse, kelp, nori i arame, zawierają dużo mikroelementów oraz siarki, która potencjalnie może wpływać na zmniejszenie ryzyka nowotworów niektórych gruczołów, w tym raka sutka.

Ciepła sałatka z soczewicy i fasoli

Fasola cannellini ma kremową konsystencję i przyjemnie kontrastuje z chrupiącymi kawałkami selera, soczewicą puy i słodkim smakiem pieczonych pomidorków. Jeśli ktoś woli, do przygotowania tej pożywnej sałatki może użyć również soczewicy z puszki.

NA 4 porcje
PRZYGOTOWANIE: 10 minut
GOTOWANIE: 20 minut

3 ząbki czosnku, rozgniecione
3 łyżki oliwy
250 g (1¾ szklanki) pomidorków koktajlowych, przekrojonych na połówki
200 g (1 szklanka) soczewicy puy, przepłukanej
1 czerwona cebula, drobno posiekana
1 łodyga selera naciowego, drobno posiekana
400 g (2 szklanki) fasoli cannellini z puszki, osączonej i przepłukanej
2 łyżki octu balsamicznego
2 łyżki drobno posiekanych listków mięty
2 łyżki drobno posiekanej natki pietruszki
sól morska i świeżo zmielony czarny pieprz

1 Rozgrzej piekarnik do temperatury 200°C. Wymieszaj czosnek z 2 łyżkami oliwy. Ułóż pomidorki na blasze do pieczenia, polej oliwą czosnkową. Piecz 10 minut lub aż zmiękną.

2 W tym czasie wsyp soczewicę do garnka, wlej tyle wody, by zakryła ziarna. Doprowadź do wrzenia, następnie wolno gotuj 10–12 minut, aż będzie miękka. Odcedź i przepłucz.

3 Rozgrzej pozostałą oliwę na dużej patelni na średnim ogniu, włóż cebulę i seler, smaż na małym ogniu 2–3 minuty, aż zmiękną. Dodaj soczewicę, fasolę i ocet balsamiczny, smaż 1–2 minuty, mieszając, aż dobrze się podgrzeją. Dodaj pomidorki i zioła, dopraw do smaku solą i pieprzem. Podawaj. Przechowuj w lodówce do 3 dni.

SKŁADNIKI ODŻYWCZE W PORCJI
Białko 16,6 g, **Węglowodany** 34,3 g, w tym cukry 5,1 g, **Tłuszcze** 8,3 g, w tym nasycone 2,8 g, **Kaloryczność** 281 kcal

WARTOŚCI ZDROWOTNE
Dzięki pieczeniu w pomidorkach zwiększa się zawartość likopenu, silnego przeciwutleniacza pomocnego w powrocie do zdrowia po chorobie nowotworowej. Fasola i soczewica to dobre źródła białka, rozpuszczalnego błonnika i fitoestrogenów. Czosnek znany jest z właściwości przeciwzapalnych.

Dania główne

W czasie terapii nowotworowej i powrotu do zdrowia mogą się zdarzyć takie chwile, gdy tęsknić będziecie za czymś ciepłym i pożywnym, pełnym smaku i wartości odżywczych. W tym rozdziale zgromadziliśmy wybór dań głównych, smakowitych i łatwych w przygotowaniu, które zaspokoją apetyt i jednocześnie prawidłowo odżywią. Skupiliśmy się na tym, by najważniejsze składniki pomagały chronić i leczyć organizm, upewniając się jednocześnie, że każde danie będzie kusiło wyglądem i aromatem. Znajdziecie tu też odświeżone wersje klasycznych potraw, takich jak zapiekanka z owoców morza, korma z indyka z pistacjami czy sarnina z cytrusową gremolatą oraz bardziej egzotyczne jak kurczak z imbirem i umeboshi lub makrela doprawiona tamaryndowcem. Wiele z tych potraw można przechowywać, zamrażać i wcześniej przygotować.

Po lewej: Łosoś z sosem vierge (strona 104/105)
Powyżej: Pieczony tempeh z sosem piperade (strona 110/111)

Kurczak smażony z nerkowcami

NA 4 porcje
PRZYGOTOWANIE: 10 minut
SMAŻENIE: 10 minut

60 g (⅓ szklanki) nerkowców
1 jajko
1 łyżka skrobi kukurydzianej
450 g filetów z kurczaka bez skóry, pokrojonych w plastry
1 łyżka oliwy lub oleju kokosowego
4 cebulki dymki, pokrojone w plastry
100 g młodych strąków zielonego groszku, oczyszczonych
1 kapusta chińska pak choi, liście oddzielone
1 żółta papryka, oczyszczona z nasion i pokrojona w paski
1 czerwona papryka, oczyszczona z nasion i pokrojona w paski
150 g grzybów shiitake, pokrojonych w plastry
4 łyżki bulionu drobiowego
sok z 1 limonki
2–3 łyżki sosu tamari
2 łyżki listków kolendry
sól morska i świeżo zmielony czarny pieprz

W tym błyskawicznym daniu paski kurczaka aromatyzowane kolendrą i limonką wymieszane są z kolorową paletą warzyw i prażonymi orzechami. Najlepiej wybrać kurczaka z hodowli ekologicznej, żeby zminimalizować spożycie dodatkowych hormonów i antybiotyków. Jako dodatek do potrawy proponujemy kaszę gryczaną lub makaron z mąki pełnoziarnistej.

1 Orzechy lekko praż na suchej patelni na średnim ogniu 1 minutę, mieszając, następnie odstaw. W dużej misce roztrzep jajko ze skrobią kukurydzianą i szczyptą soli. Włóż paski mięsa, dobrze wymieszaj, by pokryły się mieszanką.

2 Rozgrzej oliwę na patelni lub w woku na średnim ogniu. Włóż kurczaka, smaż 4–5 minut, mieszając, aż zrumieni się na złoto, wyjmij łyżką cedzakową.

3 Na patelnię włóż dymkę, smaż kilka sekund, mieszając, dodaj groszek, pak choi i paprykę, mieszając, smaż 1 minutę lub aż zmiękną. Włóż kurczaka, dodaj grzyby, wlej bulion. Dopraw do smaku sokiem z limonki i sosem tamari. Smaż pod przykryciem 1 minutę lub aż grzyby zmiękną. Wsyp orzechy i kolendrę, wymieszaj, dopraw do smaku solą i pieprzem. Podawaj. Przechowuj w lodówce do 3 dni.

SKŁADNIKI ODŻYWCZE W PORCJI

Białko 34,9 g, **Węglowodany** 17 g, w tym cukry 8,2 g, **Tłuszcze** 12,9 g, w tym nasycone 4,2 g, **Kaloryczność** 323 kcal

WARTOŚCI ZDROWOTNE

Kurczak dostarcza energii, obfituje w witaminy z grupy B oraz białko i ma niewiele tłuszczów nasyconych. To świetne źródło ochronnej witaminy B – niacyny – która pomaga osłaniać składniki DNA.

Pobudźcie znudzone kubki smakowe świeżym aromatem i ciekawą konsystencją tego dania.

Kurczak z imbirem i umeboshi

Pasta umeboshi to tradycyjna przyprawa japońska o owocowym, kwaśnym i cierpkim smaku. W tym przepisie łączy się ją z imbirem i miodem i używa jako glazury do mięsa. Jako dodatek do dania proponujemy ułatwiającą trawienie sałatkę z rukwi, fenkułu i białej rzodkwi.

NA 4 porcje
PRZYGOTOWANIE: 10 minut plus marynowanie 15 minut
SMAŻENIE/GOTOWANIE: 10 minut

- 8 udek z kurczaka, bez kości, ale ze skórą
- 3 łyżki surowego miodu
- 1 łyżka pasty umeboshi lub pasty śliwkowej*
- 0,5 cm świeżego imbiru, obrane i starte
- ½ łyżeczki chińskiej przyprawy pięciu smaków
- szczypta papryki
- 1 łyżka oliwy lub oleju kokosowego
- 4 łyżki bulionu z kurczaka lub warzywnego
- 60 g rukwi wodnej
- 1 małe dojrzałe mango, obrane, bez pestki, pokrojone w plastry
- 115 g rzepy daikon, białej rzodkwi lub kalarepy, pokrojonej w słupki
- 1 fenkuł, pokrojony w cienkie plastry
- 1 łyżka soku z cytryny
- 1 łyżka oliwy lub oleju lnianego

1 Włóż udka do płaskiego naczynia. Wymieszaj razem miód, umeboshi i przyprawy. Polej mięso, odstaw do marynowania na 15 minut.

2 Rozgrzej oliwę lub olej kokosowy na patelni na średnim ogniu, włóż udka, smaż 3–4 minuty z obu stron, aż się zrumienią. Wlej pozostałą marynatę i bulion. Przykryj patelnię, duś na niewielkim ogniu 6–7 minut, aż udka będą miękkie.

3 Lekko wymieszaj w misce rukiew, mango, daikon, fenkuł, sok z cytryny i oliwę (lub też ułóż sałatkę na talerzach i skrop cytryną i oliwą). Przed podaniem na wierzchu połóż kurczaka. Resztki przechowuj w lodówce do 2 dni.

* przepis na pastę śliwkową: 10 dag suszonych śliwek sparzyć, pokroić na kawałki, 2 łyżki masła rozetrzeć, stopniowo dodając śliwki, łyżeczkę musztardy, szczyptę soli i 2 utłuczone goździki. Utrzeć na jednolitą masę.

SKŁADNIKI ODŻYWCZE W PORCJI

Białko 27,3 g, **Węglowodany** 19,6 g, w tym cukry 19,6 g, **Tłuszcze** 15 g, w tym nasycone 4,8 g, **Kaloryczność** 324 kcal

WARTOŚCI ZDROWOTNE

Umeboshi przyrządza się z marynowanych moreli japońskich i tradycyjnie stosuje w posiłkach do pobudzania trawienia. Owoce te są również dobrze znane ze swoich właściwości alkalicznych, a środowisko zasadowe uważane jest za zmniejszające ryzyko nowotworu.

Korma z indyka z pistacjami

NA 4 porcje
PRZYGOTOWANIE: 15 minut plus marynowanie 30 minut
GOTOWANIE: 30 minut

400 g filetu z indyka bez skóry, w plastrach
3 łyżki jogurtu greckiego lub sojowego
½ łyżeczki garam masala
0,5 cm świeżego imbiru, starte
½ zielonej papryczki chili, oczyszczonej z nasion i drobno posiekanej, ewentualnie
½ łyżeczki kurkumy
1 łyżeczka pasty z tamaryndowca
1 ząbek czosnku, rozgnieciony

Sos orzechowy
2 cebule, drobno posiekane
1 cm świeżego imbiru, starty
½ łyżeczki kurkumy
2 ząbki czosnku, rozgniecione
60 g (⅓ szklanki) pistacji, wyłuskanych
1 łyżka oliwy lub oleju kokosowego
200 ml (niepełna 1 szklanka) bulionu z kurczaka
150 g (niepełne ⅔ szklanki) jogurtu greckiego lub sojowego
200 g młodych listków szpinaku
2 łyżki posiekanych listków kolendry plus dodatkowe do podania

Na bazie pistacji powstaje pyszny sos znakomicie pasujący do tego curry. Dzięki dodatkowi ostrej marynaty jogurtowej mięso indyka zachowuje soczystość i delikatność, a tamaryndowiec dodaje cierpki akcent. W wersji bezmlecznej zamiast greckiego, można użyć jogurtu sojowego lub kokosowego. Najlepiej podawać z warzywami gotowanymi na parze i odrobiną brązowego ryżu.

1 Plastry indyka ułóż w płaskim naczyniu. Wymieszaj pozostałe składniki i natrzyj mięso. Odstaw do marynowania na 30 minut.
2 Przygotuj sos orzechowy: włóż cebulę, przyprawy i czosnek do blendera lub miksera, zmiksuj pulsacyjnie na pastę. Orzechy lekko praż na suchej patelni na średnim ogniu 1 minutę, odstaw. Na patelnię wlej oliwę, rozgrzej, włóż mięso z marynatą, smaż 2–3 minuty, aż się zrumieni. Dodaj pastę z cebuli, mieszaj 2 minuty, następnie wlej bulion. Doprowadź do wrzenia, gotuj na małym ogniu 15 minut lub aż indyk będzie miękki.
3 Włóż orzechy do blendera lub miksera, dodaj jogurt, zmiksuj na gładko. Dodaj sos jogurtowy do garnka razem ze szpinakiem i kolendrą, doprowadź do wrzenia, gotuj na małym ogniu 5 minut lub aż szpinak zwiędnie. Przed podaniem posyp dodatkową kolendrą. Przechowuj w lodówce do 3 dni.

SKŁADNIKI ODŻYWCZE W PORCJI
Białko 33,2 g, **Węglowodany** 14,1 g, w tym cukry 10,4 g, **Tłuszcze** 12,4 g, w tym nasycone 4 g, **Kaloryczność** 301 kcal

WARTOŚCI ZDROWOTNE
Indyk jest wspaniałym źródłem białka, które służy do utrzymania masy mięśniowej i zapobiegania wyniszczeniu (utracie wagi) u pacjentów z chorobą nowotworową.

**Naprawdę pyszne
i do tego superzdrowe.**

Kaczka pieczona z octem balsamicznym

NA 4 porcje
PRZYGOTOWANIE: 15 minut plus marynowanie 30 minut
PIECZENIE: 20 minut

- 4 piersi z kaczki, bez skóry i kości
- 1 łyżka plus 150 ml (⅔ szklanki) octu balsamicznego
- 2 łyżeczki surowego miodu
- 2 łyżki sosu tamari
- 30 g (niepełna 1 szklanka) suszonych grzybów shiitake
- 200 g mieszanych grzybów, w tym shiitake, pokrojonych w plastry
- 1 łyżka oliwy lub oleju kokosowego
- 2 cebule, drobno posiekane
- 2 ząbki czosnku, rozgniecione
- 250 ml (1 szklanka) bulionu z kurczaka
- 1 łyżka skrobi kukurydzianej
- 1 łyżka konfitur z żurawiny lub z czerwonej porzeczki
- garść natki pietruszki, drobno posiekanej
- sól morska i świeżo zmielony czarny pieprz

SKŁADNIKI ODŻYWCZE W PORCJI
Białko 23,3 g, **Węglowodany** 14,4 g, w tym cukry 7,1 g, **Tłuszcze** 9,8 g, w tym nasycone 4,1 g, **Kaloryczność** 246 kcal

Dzięki dodatkowi grzybów shiitake cierpki sos do kaczki nabiera intensywnego smaku. To danie na pewno was przekona, by porządnie się odżywić, nawet wtedy gdy nie będziecie mieli specjalnej ochoty na gotowanie. Najlepiej podać je ze słodkimi ziemniakami i sałatką.

1 Ułóż piersi kaczki w płaskim naczyniu. Wymieszaj 1 łyżkę octu balsamicznego z miodem i tamari, polej mięso. Odstaw do marynowania na 30 minut. Suszone grzyby zalej wrzącą wodą, odstaw na 15 minut, by się namoczyły, następnie osącz, a płyn zachowaj. Świeże grzyby posiekaj. Rozgrzej piekarnik do temperatury 190°C.

2 Rozgrzej na średnim ogniu patelnię, której można używać w piekarniku. Włóż mięso, zrumień z obu stron, wstaw do piekarnika na 12–15 minut, żeby się dobrze upiekło. Po wyjęciu odstaw, by doszło, a następnie pokrój w cienkie plastry.

3 W tym czasie wlej oliwę na patelnię, wsyp cebulę, czosnek, smaż 2–3 minuty, aż cebula zmięknie. Dodaj wszystkie grzyby, mieszaj 1 minutę. Wlej pozostały ocet, bulion i zachowany płyn z moczenia grzybów. Doprowadź do wrzenia, po czym gotuj na wolnym ogniu 5 minut. Wymieszaj skrobię kukurydzianą z 2 łyżkami wody, wlej na patelnię, mieszaj, aż sos zgęstnieje. Dodaj mięso, konfitury z żurawiny i natkę, dopraw do smaku i podawaj. Resztki przechowuj w lodówce do 2 dni.

WARTOŚCI ZDROWOTNE
Grzyby shiitake mają właściwości wzmacniające odporność i chroniące przed rakiem przede wszystkim dzięki zawartości polisacharydów, w tym glukanu, który pobudza funkcje immunologiczne i pomaga makrofagom usuwać komórki potencjalnie rakowe. Grzyby te są również źródłem witaminy D_2, witamin z grupy B i minerałów: manganu, fosforu, potasu, selenu, miedzi i cynku.

Sarnina z cytrusową gremolatą

Soczysta i aromatyczna sarnina stanowi dobre źródło protein i na dodatek zawiera niewiele nasyconych kwasów tłuszczowych. Dobrze jej robi długie, wolne gotowanie, a w tym daniu dusi się ją z warzywami i oliwkami, by wydobyć głębię smaku. Cząstki pomarańczy i gremolata dobrze kontrastują ze smakiem mięsa. Najlepiej podawać z brokułami gotowanymi na parze.

NA 4 porcje
PRZYGOTOWANIE: 15 minut
GOTOWANIE: 1 godzina i 45 minut

1–2 łyżki oliwy lub oleju kokosowego
1 cebula, drobno posiekana
2 łodygi selera naciowego, posiekane
1 marchew, pokrojona w kostkę
2 ząbki czosnku, posiekane
600 g sarniny z łopatki lub udźca, pokrojonej w dość duże kawałki
3 łyżki pszennej mąki razowej lub mąki ryżowej
250 ml (1 szklanka) czerwonego wina lub bulionu jagnięcego albo wołowego
500 ml (2 szklanki) bulionu jagnięcego lub wołowego
400 g (1⅔ szklanki) krojonych pomidorów z puszki
200 g (1⅔ szklanki) zielonych oliwek bez pestek
2 pomarańcze, podzielone na cząstki lub pokrojone w cienkie plastry
starta skórka z 2 pomarańczy
starta skórka z 1 cytryny
2 łyżki drobno posiekanej natki pietruszki
sól morska i świeżo zmielony czarny pieprz

1. Rozgrzej piekarnik do temperatury 180°C. Rozgrzej 1 łyżkę oliwy na średnim ogniu w żaroodpornym naczyniu o grubym dnie, włóż cebulę, seler, marchew i czosnek, smaż 4–5 minut, aż się lekko zrumienią. Wyjmij warzywa z garnka, odstaw.
2. Włóż sarninę do plastikowego woreczka, dodaj mąkę, sól i pieprz, potrząsaj, żeby się wymieszały. Dolej nieco więcej oliwy do naczynia, jeśli to konieczne, i partiami obsmaż mięso, mieszając, aż lekko się zrumieni.
3. Ponownie włóż do garnka odstawione warzywa, wlej wino i bulion, dodaj pomidory i oliwki. Doprowadź do wrzenia, przykryj i wstaw do piekarnika na 1½ godziny lub aż mięso będzie miękkie.
4. Wyjmij z piekarnika, ewentualnie dopraw do smaku. Dodaj cząstki pomarańczy, wymieszaj. Osobno wymieszaj razem skórki i natkę, posyp potrawę. Podawaj. Resztki przechowuj w lodówce do 2 dni.

SKŁADNIKI ODŻYWCZE W PORCJI
Białko 36,9 g, **Węglowodany** 18,5 g, w tym cukry 9,7 g, **Tłuszcze** 10,7 g, w tym nasycone 4,1 g, **Kaloryczność** 361 kcal

WARTOŚCI ZDROWOTNE
Sarnina zawiera energetyzujące żelazo i witaminy z grupy B, a także cynk i selen, wspomagające odporność i antyoksydacyjne.

Dania śródziemnomorskie są bardzo aromatyczne i mają wiele właściwości uzdrawiających.

Okoń morski z oliwkami i pomidorami

Pieczona na śródziemnomorskich warzywach ryba nabiera soczystości i pełni smaku. Jest bardzo prosta w przygotowaniu, które zajmuje zaledwie 15 minut, i obfituje w składniki przeciwutleniające i przeciwzapalne. Najlepiej podawać z sałatką lub szpinakiem czy też pokrojonym jarmużem gotowanym na parze.

NA 4 porcje
PRZYGOTOWANIE: 15 minut
PIECZENIE: 30 minut

½ łyżeczki nasion kolendry
1 łyżka oliwy lub oleju kokosowego
1 czerwona cebula, grubo posiekana
2 ząbki czosnku, rozgniecione
listki z 3 gałązek tymianku plus mały pęczek świeżego
115 g (niepełna 1 szklanka) czarnych oliwek bez pestek, grubo posiekanych
60 g (⅓ szklanki) suszonych pomidorów w oleju, osączonych, grubo posiekanych
16 pomidorków koktajlowych
1 duży okoń morski lub pstrąg, bez głowy, sprawiony
starta skórka z 1 cytryny
oliwa do skrapiania
sól morska i świeżo zmielony czarny pieprz

1 Rozgrzej piekarnik do temperatury 190°C. Praż nasiona kolendry na suchej patelni na średnim ogniu 1 minutę, następnie rozgnieć je w moździerzu. Rozgrzej oliwę na patelni na średnim ogniu. Włóż cebulę, kolendrę i czosnek, smaż na małym ogniu 2–3 minuty, aż cebula zmięknie. Dodaj listki tymianku, oliwki, suszone pomidory i pomidorki koktajlowe.

2 Oprósz warzywa solą i pieprzem, przełóż do dużego, płaskiego naczynia żaroodpornego. Ostrym nożem natnij skośnie skórę ryby po obu bokach. Do cięć włóż gałązki tymianku. Posyp rybę skórką z cytryny, a następnie ułóż na warzywach.

3 Polej niewielką ilością oliwy, wstaw do piekarnika na 20–25 minut lub aż ryba będzie dobrze upieczona. Resztki przechowuj w lodówce do 2 dni.

SKŁADNIKI ODŻYWCZE W PORCJI

Białko 30,5 g, **Węglowodany** 3,4 g, w tym cukry 2,7 g, **Tłuszcze** 21,1 g, w tym nasycone 4,6 g, **Kaloryczność** 323 kcal

WARTOŚCI ZDROWOTNE

Okoń morski jest dobrym źródłem kwasów tłuszczowych omega-3. Dostarcza również witamin z grupy B, magnezu i antyoksydacyjnego selenu.

Łosoś z sosem vierge

NA 4 porcje
PRZYGOTOWANIE: 10 minut
GOTOWANIE: 10 minut
plus 10 minut na przegryzienie się

125 ml (½ szklanki) plus 1 łyżka oliwy
starta skórka i sok z 1 cytryny
2 pomidory, oczyszczone z nasion i drobno posiekane
1 szalotka, drobno posiekana
2 ząbki czosnku, rozgniecione
3 łyżki posiekanych listków estragonu
2 łyżki posiekanego koperku
2 łyżki posiekanej natki pietruszki
2 łyżki posiekanych listków trybuli
4 filety z łososia (łącznie około 600 g), ze skórą
sól morska i świeżo zmielony czarny pieprz

Wyjątkowo zdrowe i smaczne danie. Lekki sos ziołowy nadaje nowego wymiaru nieco tłustemu w smaku łososiowi. Potrawa jest prosta w przygotowaniu i może być przyrządzona wcześniej i schłodzona do momentu podania. Najlepiej podawać z sałatką z mieszanej zieleniny.

1 Wlej 125 ml (½ szklanki) oliwy do małego rondla. Dodaj skórkę i sok z cytryny, wymieszaj, następnie dodaj pomidory, szalotkę i czosnek, lekko podgrzej. Wyłącz ogień, dodaj zioła, dopraw do smaku solą i pieprzem. Odstaw na 10 minut, by sos się przegryzł.
2 Oprósz rybę solą i pieprzem. Rozgrzej 1 łyżkę oliwy na patelni na średnim ogniu. Włóż łososia skórą do dołu, smaż 2–3 minuty, aż się zrumieni.
3 Odwróć filety na drugą stronę, smaż kolejne 2–3 minuty, aż dobrze się zetną. Wlej sos na patelnię, by się podgrzał. Podawaj łososia polanego sosem.

SKŁADNIKI ODŻYWCZE W PORCJI
Białko 23,3 g, **Węglowodany** 1,3 g, w tym cukry 0,9 g, **Tłuszcze** 46 g, w tym nasycone 8,6 g, **Kaloryczność** 512 kcal

WARTOŚCI ZDROWOTNE
Łosoś jest bogaty w proteiny i kwasy tłuszczowe omega-3. Świeże zioła zawierają przeciwutleniacze i olejki eteryczne o właściwościach chroniących przed nowotworami.

Lecznicze właściwości azjatyckich przypraw sprawiają, że z prostych składników powstaje wartościowe danie.

Makrela doprawiona tamaryndowcem

W tym daniu inspirowanym kuchnią azjatycką tłusta makrela dobrze kontrastuje z cierpkim, kwaśnawym smakiem tamaryndowca i aromatem trawy cytrynowej, imbiru i mięty. Tłuste ryby nie tylko są sycące i pożywne, ale też bogate w kwasy tłuszczowe omega-3. Najlepiej podawać z brązowym ryżem, fasolką szparagową i gotowanymi na parze wiosennymi zielonymi warzywami.

NA 4 porcje
PRZYGOTOWANIE: 10 minut
PIECZENIE: 10 minut

60 g (¼ szklanki) pasty z tamaryndowca
1 łodyga trawy cytrynowej, twarde części usunięte, drobno posiekana
1 łyżeczka chili w proszku, ewentualnie
1 cm świeżego imbiru, obranego i startego
2 łyżki surowego miodu
mały pęczek mięty, listki posiekane
4 makrele, bez głowy, sprawione
mała garść listków kolendry
2 cebulki dymki, pokrojone w cienkie plastry

1 W miseczce wymieszaj razem tamaryndowiec, trawę cytrynową, ewentualnie chili, imbir, miód i miętę.

2 Rozgrzej grill. Ostrym nożem natnij skórę na makrelach z obu stron. Ułóż ryby w płaskim naczyniu, polej sosem z tamaryndowca, tak by pokrył je z obu stron.

3 Wstaw naczynie z rybami pod grill na 10 minut lub dłużej, aż się dobrze upieką. Przed podaniem posyp kolendrą i dymką. Przechowuj w lodówce 1 dzień.

SKŁADNIKI ODŻYWCZE W PORCJI

Białko 38 g, **Węglowodany** 13,1 g, w tym cukry 4,9 g, **Tłuszcze** 32,4 g, w tym nasycone 6,6 g, **Kaloryczność** 490 kcal

WARTOŚCI ZDROWOTNE

Tamaryndowiec jest bogaty w rozpuszczalny błonnik ważny dla prawidłowej pracy jelit i stabilizujący poziom cukru we krwi. Zawiera również przeciwutleniacze i substancje fitochemiczne, w tym limonen znany ze swoich właściwości przeciwrakowych.

Łosoś w glazurze miso

NA 4 porcje
PRZYGOTOWANIE: 10 minut plus marynowanie przez noc
PIECZENIE: 25 minut

600 g dużego filetu z łososia, ze skórą lub 4 małe po 150 g bez ości
4 łyżki chińskiego wina ryżowego
2 łyżki mirin lub 1 łyżka wina ryżowego
4 łyżki białej pasty miso
1 łyżka sosu tamari
1 łyżka ksylitolu (cukru brzozowego) lub szczypta stewii, ewentualnie
garść listków kolendry, posiekanych
1–2 łyżki soku z cytryny

Słodko-kwaśne miso ma dużą wartość odżywczą i świetnie łączy się z łososiem bogatym w kwasy tłuszczowe omega-3. Dzięki długiemu marynowaniu ryba nabiera smaku, a upieczona jest soczysta i delikatna. Jeśli to możliwe, wybierzcie dzikiego łososia, ponieważ ma więcej kwasów tłuszczowych omega-3. Najlepiej podawać z warzywami smażonymi po chińsku.

1 Ułóż rybę w płaskim ceramicznym naczyniu żaroodpornym. Wymieszaj razem pozostałe składniki poza kolendrą i sokiem z cytryny, powstałą marynatą dokładnie polej łososia. Przykryj folią do żywności, wstaw na noc do lodówki.

2 Rozgrzej piekarnik do temperatury 200°C. Zdejmij folię z naczynia z łososiem, przykryj je folią aluminiową, wstaw do piekarnika. Piecz 15 minut. Zdejmij folię, piecz jeszcze 5–10 minut, aż ryba będzie dobrze ścięta. Przed podaniem posyp kolendrą i skrop sokiem z cytryny. Przechowuj w lodówce do 2 dni.

SKŁADNIKI ODŻYWCZE W PORCJI
Białko 32,5 g, **Węglowodany** 7,1 g, w tym cukry 3,6 g, **Tłuszcze** 17,4 g, w tym nasycone 2,9 g, **Kaloryczność** 324 kcal

WARTOŚCI ZDROWOTNE
W miso znajdują się ochronne substancje roślinne i przeciwutleniacze, w tym cynk i mangan.

Zapiekanka z owoców morza

Zapiekanka rybna z prozdrowotną modyfikacją: na mieszanych owocach morza spoczywa warstwa purée ze słodkich ziemniaków obfitujących w przeciwutleniacze dodatkowo wzbogacona tahini. Ci, którzy wolą danie w wersji beznabiałowej, mogą użyć mleka i śmietany sojowej, kokosowej lub owsianej. Najlepiej podawać z chrupiącą zieloną sałatą lub brokułami i marchewką gotowanymi na parze.

NA 4 porcje
PRZYGOTOWANIE: 15 minut
GOTOWANIE I PIECZENIE: 45 minut

- 2 łyżki oliwy lub oleju kokosowego
- 1 cebula, drobno posiekana
- 1 por, pokrojony w cienkie plastry
- 200 g filetu z łososia, bez skóry, pokrojonego w kostkę
- 200 g filetów z białych ryb, np. czarniaka lub łupacza, bez skóry, pokrojonych w kostkę
- 30 g (¼ szklanki) mąki
- 400 ml (1½ szklanki) mleka półtłustego lub mleka niezwierzęcego
- 2 łyżki śmietany 18% lub śmietany owsianej albo sojowej
- 4 łyżeczki musztardy gruboziarnistej
- garść koperku, posiekanego
- szczypta świeżo startej gałki muszkatołowej
- 150 g krewetek, obranych i ugotowanych
- sól morska i świeżo zmielony czarny pieprz

Purée ze słodkich ziemniaków

- 600 g słodkich ziemniaków (patatów), pokrojonych na kawałki
- 2 łyżki śmietany 18% lub śmietany owsianej albo sojowej
- 1 łyżka pasty tahini

1 Rozgrzej piekarnik do temperatury 180°C. Przygotuj purée: gotuj ziemniaki 10–15 minut, odcedź, odstaw. W tym czasie rozgrzej 1 łyżkę oliwy na dużej patelni na średnim ogniu. Włóż cebulę i por, smaż na małym ogniu 5 minut. Dodaj ryby, smaż jeszcze 1–2 minuty, żeby tylko lekko się ścięły.

2 Rozgrzej pozostałą oliwę w rondlu na średnim ogniu. Wsyp mąkę, wymieszaj, smaż 1 minutę. Zdejmij garnek z ognia, roztrzepuj, stopniowo dolewając mleko i śmietanę. Postaw ponownie na ogniu, doprowadź do wrzenia, nie przerywając roztrzepywania. Dodaj musztardę, koperek i gałkę, dopraw do smaku solą i pieprzem.

3 Włóż do sosu kawałki ryby, warzywa i krewetki, wymieszaj, przełóż do naczynia do zapiekania. Rozgnieć ziemniaki na purée, ubij ze śmietaną i pastą tahini, dopraw do smaku solą i pieprzem. Wyłóż purée na ryby, wyrównaj. Piecz 20–30 minut, aż zapiekanka się zrumieni. Podawaj. Przechowuj w lodówce do 2 dni lub w zamrażarce, przed zapiekaniem, do 1 miesiąca.

SKŁADNIKI ODŻYWCZE W PORCJI

Białko 34,6 g, **Węglowodany** 37,3 g, w tym cukry 10,5 g, **Tłuszcze** 18,3 g, w tym nasycone 7,6 g, **Kaloryczność** 454 kcal

WARTOŚCI ZDROWOTNE

Słodkie ziemniaki (pataty) są obfitym źródłem antyoksydantów, szczególnie karotenoidów, a także witamin A i C.

Pieczony tempeh z sosem piperade

NA 4 porcje
PRZYGOTOWANIE: 15 minut
SMAŻENIE I PIECZENIE: 30 minut

2 łyżki oliwy lub oleju kokosowego
2 czerwone cebule, pokrojone w plastry
6 ząbków czosnku, posiekanych
300 g pieczonej papryki ze słoika, osączonej i posiekanej
4 pomidory dojrzałe na krzaku, grubo pokrojone
1 łyżka pasty z suszonych pomidorów
szczypta wędzonej mielonej papryki lub zwykłej
3 łyżki octu jabłkowego lub octu z sherry
450 g tempeh, pokrojonego w dwucentymetrową kostkę
oliwa, do skrapiania
3 łyżki grubo posiekanej natki pietruszki, ewentualnie
sól morska i świeżo zmielony czarny pieprz

Podstawą piperady są papryka, pomidory i cebula. Jeśli ktoś ma ocet z sherry, warto go użyć, albowiem doda potrawie aromatu i silnych właściwości przeciwutleniających i przeciwzapalnych. W czasie pieczenia tempeh znakomicie chłonie aromaty z sosu. Najlepiej podawać z sałatą.

1 Rozgrzej piekarnik do temperatury 190°C. Rozgrzej patelnię na średnim ogniu, wlej 1 łyżkę oliwy. Włóż cebulę, smaż 2 minuty, aż zacznie mięknąć. Dodaj czosnek, paprykę, pomidory, pastę z suszonych pomidorów i paprykę w proszku, smaż jeszcze 5 minut na małym ogniu lub aż warzywa zmiękną.

2 Przełóż mieszankę do miksera, krótko miksuj pulsacyjnie na grube purée – powinny zachować się kawałeczki warzyw. Wlej ocet, wymieszaj.

3 Wlej na patelnię pozostałą oliwę, włóż tempeh. Smaż 10–12 minut, od czasu do czasu odwracając, aż kostki się zrumienią. Przełóż do naczynia do zapiekania, polej sosem, skrop oliwą. Piecz 15 minut lub aż sos będzie wrzał i zgęstnieje. Ewentualnie dodaj natkę, dopraw solą i pieprzem, podawaj. Przechowuj w lodówce do 2 dni.

SKŁADNIKI ODŻYWCZE W PORCJI
Białko 25,4 g, **Węglowodany** 16,7 g, w tym cukry 9,9 g, **Tłuszcze** 13,1 g, w tym nasycone 4,2 g, **Kaloryczność** 291 kcal

WARTOŚCI ZDROWOTNE
Tempeh to bardzo odżywczy fermentowany produkt wytwarzany z soi o wysokiej zawartości białka. Przez 2000 lat był podstawowym produktem spożywczym w Indonezji. Zawiera dużo nienasyconych kwasów tłuszczowych, wiele witamin i minerałów, a także prozdrowotne izoflawony.

Proste, ale dobrze doprawione składniki dodają energii i jednocześnie odżywiają.

Ciepła sałatka z bakłażana, warzyw korzeniowych i ciecierzycy

Dodatkiem do treściwej sałatki z pieczonych warzyw i ciecierzycy jest sos przyrządzony z kminem i papryką o cierpkim, pikantnym smaku. Jeśli ktoś woli dania z białkiem, może zjeść tę sałatkę z jajkiem na twardo, tofu, fetą, a ci, którzy nie są wegetarianami, z porcją kurczaka.

NA 4 porcje
PRZYGOTOWANIE: 10 minut
PIECZENIE: 30 minut

1 czerwona cebula, pokrojona w grube piórka
1 słodki ziemniak (patat), pokrojony w kawałki
2 marchwie, pokrojone w duże kawałki
2 małe buraki, pokrojone w kliny
2 łyżki oliwy lub roztopionego oleju kokosowego
po 1 łyżeczce papryki i mielonego kminu
1 ząbek czosnku, rozgnieciony
starta skórka i sok z ½ cytryny
2 bakłażany, pokrojone w kawałki
400 g (niepełne 2 szklanki) ciecierzycy z puszki, osączonej i przepłukanej
3 łyżki grubo posiekanych listków kolendry

Aromatyczny sos
½ łyżeczki mielonego kminu
szczypta papryki
2 łyżeczki surowego miodu lub miodu manuka
sok z 1 cytryny
4 łyżki oliwy lub oleju lnianego

1. Rozgrzej piekarnik do temperatury 200°C. Ułóż cebulę, ziemniak, marchew i buraki w formie do pieczenia. Wymieszaj razem oliwę, przyprawy, czosnek, skórkę i sok z cytryny. Mieszanką polej warzywa, wymieszaj.
2. Piecz 15 minut. Następnie dodaj do formy kawałki bakłażana, wymieszaj, by pokryły się oliwą z przyprawami. Piecz jeszcze 15 minut, aż warzywa będą miękkie i lekko się zrumienią. Wyjmij z piekarnika, dodaj ciecierzycę i kolendrę.
3. Wymieszaj razem składniki sosu. Polej warzywa sosem i podawaj. Przechowuj w lodówce do 2 dni.

SKŁADNIKI ODŻYWCZE W PORCJI
Białko 7,2 g, **Węglowodany** 31,7 g, w tym cukry 15,2 g, **Tłuszcze** 16,1 g, w tym nasycone 5,5 g, **Kaloryczność** 298 kcal

WARTOŚCI ZDROWOTNE
Bakłażany, buraki i inne zabarwione na purpurowy fiolet warzywa i owoce zawierają antocyjany, które, jak wykazano, atakują komórki nowotworowe. Ciecierzyca, podobnie do innych strączkowych, to dobre źródło fitoestrogenów (estrogenów pochodzenia roślinnego), które uważane są za ochronę przed rozprzestrzenianiem się nowotworów hormonozależnych.

Spaghetti z cytryną i brokułami

NA 4 porcje
PRZYGOTOWANIE: 10 minut
GOTOWANIE: 10 minut

300 g makaronu spaghetti pełnoziarnistego lub orkiszowego
1 kg brokułów, podzielonych na różyczki
1 łyżka oliwy lub oleju kokosowego
2 ząbki czosnku, rozgniecione
2 czerwone papryczki chili, oczyszczone z nasion i drobno posiekane, ewentualnie
4 cebulki dymki, pokrojone w cienkie plastry
starta skórka z 1 cytryny
200 g sera feta, pokruszonego
sok z ½ cytryny
świeżo zmielony czarny pieprz

Proste, szybkie danie z brokułami, czosnkiem, chili i cebulą – składnikami dobrymi na okres rekonwalescencji. Dodatek sera feta zapewnia proteiny, ale w wersji beznabiałowej można go zastąpić gotowanym kurczakiem lub mieszanką strączkowych z puszki, osączonych i przepłukanych.

1 Włóż makaron do wrzącej wody, ugotuj al dente, 7–8 minut, lub zgodnie z instrukcją na opakowaniu. Odcedź.

2 W tym czasie włóż brokuły do naczynia do gotowania na parze, gotuj na dużym ogniu 3 minuty lub aż zmiękną. Odstaw.

3 Rozgrzej patelnię na średnim ogniu, wlej oliwę. Wsyp czosnek, ewentualnie chili, cebulę i skórkę z cytryny, smaż 2–3 minuty, aż nieco zmiękną. Dodaj brokuły, dobrze podgrzej. Wyłóż warzywa na makaron, dodaj fetę i sok z cytryny, dobrze wymieszaj. Dopraw pieprzem, podawaj. Przechowuj w lodówce 1 dzień.

SKŁADNIKI ODŻYWCZE W PORCJI

Białko 29,1 g, **Węglowodany** 51,6 g, w tym cukry 7,3 g, **Tłuszcze** 16,5 g, w tym nasycone 9,6 g, **Kaloryczność** 474 kcal

WARTOŚCI ZDROWOTNE

Zarówno makaron pełnoziarnisty, jak i orkiszowy, mają niższy indeks glikemiczny niż zwykłe białe spaghetti, co oznacza, że w mniejszym stopniu wpływają na poziom cukru we krwi, a także stanowią dobre źródło błonnika.

Dzięki dodatkowi brokułów, chroniących przed nowotworami, makaron z fetą przyjemnie chrupie.

Wegetariańskie burgery

NA 4 porcje
PRZYGOTOWANIE: 10 minut plus chłodzenie 30 minut
GOTOWANIE: 40 minut

- 1 łyżka oliwy lub oleju kokosowego
- 1 czerwona cebula, drobno posiekana
- 1 marchew, starta
- 90 g pieczarek, drobno posiekanych
- 1 ząbek czosnku, rozgnieciony
- 115 g (½ szklanki) fasoli cannellini z puszki, osączonej i przepłukanej
- 50 g (½ szklanki) orzechów włoskich, wyłuskanych
- 50 g (⅓ szklanki) nerkowców
- 2 łyżki wyłuskanych nasion konopi
- 60 g (¾ szklanki) pokruszonego świeżego chleba pełnoziarnistego lub bezglutenowego albo owsianej bułki tartej
- 2 łyżki sosu tamari
- 2 łyżeczki surowego miodu
- 1 żółtko
- sól morska i świeżo zmielony czarny pieprz

Domowe burgery wegetariańskie z nasion konopi i orzechów dobrze smakują i są pożywne. Mają dużo błonnika, protein oraz zdrowych tłuszczów i stanowią popularne danie rodzinne. Na dodatek można je zrobić wcześniej i zamrażać, co czyni je znakomitą propozycją na dni, gdy wszystko, o czym marzycie, to szybki posiłek. Najlepiej podawać z sałatką i sosem typu salsa lub remoulade z selerem, jabłkiem i fenkułem (strona 88).

1 Rozgrzej oliwę na dużej patelni na średnim ogniu, włóż cebulę, marchew, pieczarki i czosnek. Smaż na małym ogniu 10 minut lub aż warzywa zmiękną, a płyn odparuje. Dodaj fasolę, smaż jeszcze 1 minutę. Odstaw do przestygnięcia.

2 Wsyp orzechy do miksera, grubo miksuj pulsacyjnie. Dodaj mieszankę warzyw i pozostałe składniki, zmiksuj pulsacyjnie, by składniki się połączyły. Odstaw do schłodzenia na 30 minut. Rozgrzej piekarnik do temperatury 190°C, wyłóż blachę papierem do pieczenia.

3 Z masy uformuj 6 burgerów. Ułóż je na blasze, piecz 20–30 minut, aż będą zrumienione i chrupiące. Podawaj. Przechowuj w lodówce do 3 dni lub w zamrażarce, surowe, do 3 miesięcy.

SKŁADNIKI ODŻYWCZE W PORCJI

Białko 5,9 g, **Węglowodany** 11,4 g, w tym cukry 3,3 g, **Tłuszcze** 11,1 g, w tym nasycone 1,6 g, **Kaloryczność** 169 kcal

WARTOŚCI ZDROWOTNE

Dzięki dodaniu do tych burgerów nasion konopi i orzechów zwiększa się zawartość protein i niezbędnych nienasyconych kwasów tłuszczowych omega-3 i omega-6. Orzechy włoskie mają też dużo antyoksydacyjnych fenoli i witaminy E. To bardzo wartościowe pożywienie przeciwrakowe, wykazano bowiem, że jedzenie orzechów zmniejsza ryzyko niektórych nowotworów, w tym prostaty i sutka.

Perska miska z quinoa i omega

Ta uniwersalna sałatka inspirowana kuchnią bliskowschodnią składa się z kolorowych warzyw, strączkowych, ziaren, pestek granatu i owoców jagodowych, a do tego nasion i olejów bogatych w kwasy tłuszczowe omega. Jeśli ktoś chce mieć więcej protein, może dodać jajko w koszulce lub trochę sera feta. Z resztek będzie dobry lunch do zabrania ze sobą nazajutrz.

NA 6 porcji
PRZYGOTOWANIE: 15 minut
PIECZENIE I GOTOWANIE: 30 minut

1 mały bakłażan, pokrojony w dwucentymetrowe kawałki
1 czerwona papryka, oczyszczona z nasion i pokrojona na kawałki
200 g dyni piżmowej, pokrojonej w kostkę
3 łyżki oliwy
1 łyżeczka nasion kminu
150 g (niepełna 1 szklanka) quinoa (komosy ryżowej)
½ łyżeczki nitek szafranu, ewentualnie
100 g fasolki szparagowej, przekrojonej na pół
400 g (2 szklanki) soczewicy puy z puszki, osączonej i przepłukanej
6 łyżek mieszanych ziaren, np. słonecznika, pestek dyni i wyłuskanych nasion konopi
3 łyżki pestek granatu
3 łyżki owoców jagodowych suszonych bez cukru
8 pomidorków koktajlowych, przekrojonych na połówki
4 łyżki oliwy lub oleju lnianego
starta skórka i sok z 1 cytryny
3 łyżki posiekanych listków mięty
sól morska i świeżo zmielony czarny pieprz

1 Rozgrzej piekarnik do temperatury 180°C. Ułóż na blasze do pieczenia bakłażan, paprykę i dynię, wymieszaj z 3 łyżkami oliwy i kminem. Oprósz solą i pieprzem, piecz 30 minut lub aż będą miękkie.

2 W tym czasie wsyp quinoa do garnka, wlej 375 ml (1½ szklanki) wody i ewentualnie dodaj szafran. Doprowadź do wrzenia, przykryj, zmniejsz ogień do bardzo małego i wolno gotuj 15 minut. Wyłącz ogień, zostaw garnek przykryty jeszcze na 5 minut.

3 Włóż fasolkę szparagową do naczynia do gotowania na parze, gotuj na dużym ogniu 2 minuty. Osącz, przelej zimną wodą. Przełóż quinoa do dużej miski, dodaj upieczone i ugotowane warzywa, soczewicę, ziarna, owoce jagodowe i pomidorki.

4 Wymieszaj razem oliwę, skórkę i sok z cytryny oraz miętę. Przed podaniem polej sosem sałatkę, wymieszaj. Przechowuj w lodówce do 3 dni.

SKŁADNIKI ODŻYWCZE W PORCJI

Białko 14,6 g, **Węglowodany** 33,5 g, w tym cukry 13 g, **Tłuszcze** 27,1 g, w tym nasycone 3 g, **Kaloryczność** 442 kcal

WARTOŚCI ZDROWOTNE

Quinoa, inaczej komosa ryżowa, to pożywne ziarna podobne do zboża bogate w proteiny i zawierające wszystkie dziewięć niezbędnych aminokwasów. Zawiera też magnez konieczny do produkcji energii oraz mangan, który pomaga w ochronie komórek przed stresem oksydacyjnym.

Desery
i wypieki

Zdarza się, że kuracje przeciwnowotworowe mogą wzmagać apetyt na coś słodkiego, szczególnie u tych pacjentów, którzy odczuwają gorzki lub metaliczny smak w ustach. W tym rozdziale znajdziecie wiele niskocukrowych przepisów zarówno na desery, jak i wypieki – idealne do zabrania ze sobą w podróż lub na drugie śniadanie. Żaden nie zawiera cukru rafinowanego, wszystkie mają też tak starannie zrównoważony skład, by pomagały stabilizować poziom cukru we krwi. Te smakołyki nie dostarczają pustych kalorii, lecz obfitują w składniki odżywcze tak dobrane, by pomagały utrzymać odpowiedni poziom energii. Jest tu duży wybór kuszących deserów, jak jabłka z kruszonką orzechowo-owsianą czy kleisty pudding czekoladowo-malinowy. Wśród wypieków jest na przykład ciasto bananowo-herbaciane, a w wersji wytrawnej chrupki z jarmużu z cebulą i płaskie chlebki z przyprawami.

Po lewej: Superowocowy sorbet jogurtowy (strona 126/127)
Powyżej: Ciasto migdałowe z cytrusami (strona 124/125)

Kleisty pudding czekoladowo-malinowy

NA 4 porcje
PRZYGOTOWANIE: 10 minut
PIECZENIE: 40 minut

olej, do natłuszczenia
125 g (¾ szklanki) razowej mąki pszennej lub mieszanki mąk bezglutenowych
2 łyżeczki proszku do pieczenia
1 łyżka kakao
1 łyżeczka esencji waniliowej
125 g (½ szklanki) purée jabłkowego bez cukru
125 ml (½ szklanki) mleczka sojowego
1 łyżka ksylitolu (cukru brzozowego)
150 g (1¼ szklanki) malin plus ewentualnie dodatkowe do podania

Sos czekoladowy
2 łyżki ksylitolu (cukru brzozowego)
1 czubata łyżka kakao

Pod lekkim biszkoptem kakaowym ze świeżymi malinami znajduje się aromatyczny sos czekoladowy. Być może wielu to zaskoczy, ale ten deser naprawdę jest zdrowy, ponieważ swój słodki smak zawdzięcza purée jabłkowemu i ksylitolowi, czyli cukrowi brzozowemu.

1 Rozgrzej piekarnik do temperatury 180°C, lekko natłuść okrągłe naczynie do zapiekania o średnicy 20 cm. Do miski przesiej razem mąkę, proszek do pieczenia i kakao, dosyp ewentualnie pozostałe otręby.

2 Wymieszaj razem esencję waniliową, purée jabłkowe, mleczko sojowe i ksylitol, wlej do mąki z dodatkami, roztrzep. Wsyp maliny, wymieszaj, przełóż do naczynia do zapiekania.

3 Składniki na sos wymieszaj z 400 ml (1½ szklanki) wrzącej wody, delikatnie wylej na ciasto. Nie mieszaj – płyn wsiąknie podczas pieczenia.

4 Ostrożnie wstaw naczynie z ciastem do piekarnika, piecz 35–40 minut, aż pudding stężeje na wierzchu, a od spodu sos nabierze kleistej konsystencji. Możesz podać z dodatkowymi malinami. Przechowuj w lodówce do 2 dni.

SKŁADNIKI ODŻYWCZE W PORCJI
Białko 5,4 g, **Węglowodany** 38,7 g, w tym cukry 14,8 g, **Tłuszcze** 2,2 g, w tym nasycone 0,8 g, **Kaloryczność** 181 kcal

WARTOŚCI ZDROWOTNE
Zawarte w kakao polifenole są znane ze swoich właściwości przeciwutleniających. Jeśli chcesz zwiększyć ich ilość, możesz użyć kakao wzbogaconego przeciwutleniaczami, które jest już dostępne w sklepach. Ma nieco mocniejszy, gorzkawy smak, a więc użyj go trochę mniej niż w przepisie i dodaj więcej ksylitolu.

Świeże maliny i czekolada – zdrowe jedzenie jest takie smaczne.

Jabłka z kruszonką orzechowo-owsianą

NA 8 porcji
PRZYGOTOWANIE: 15 minut
PIECZENIE: 30 minut

2 łyżki oliwy lub oleju kokosowego, plus dodatkowa do natłuszczenia
1,3 kg jabłek do pieczenia, najlepiej odmiany złota reneta lub boskop, obranych i pokrojonych na kawałki
1 łyżeczka cynamonu
3 łyżki ksylitolu (cukru brzozowego)
1 łyżka koncentratu jabłkowego lub surowego miodu

Kruszonka
75 g (¾ szklanki) wiórków kokosowych
115 g (¾ szklanki) pistacji, wyłuskanych
115 g (niepełna 1 szklanka) orzechów włoskich, wyłuskanych
szczypta soli morskiej
60 g (⅔ szklanki) płatków owsianych lub gryczanych
60 g (⅓ szklanki) posiekanych suszonych daktyli bez pestek

W tej zdrowszej wersji jabłka z kruszonką posypuje się orzechami, zmielonymi i osłodzonymi daktylami. Jeśli wolisz, nie musisz nawet tego piec – wystarczy, że posypiesz jabłka chrupiącą mieszanką, i od razu możesz podawać. Do tego świetnie pasuje jogurt naturalny.

1 Rozgrzej piekarnik do temperatury 200°C, natłuść formę do pieczenia. Rozgrzej rondel na średnim ogniu, wlej oliwę, włóż jabłka, dodaj cynamon, ksylitol i koncentrat jabłkowy, gotuj 5–8 minut, aż jabłka będą miękkie. Przełóż jabłka do formy do pieczenia.

2 Przygotuj kruszonkę: w mikserze grubo zmiel razem wiórki kokosowe, orzechy i sól. Dodaj płatki owsiane i daktyle, miksuj pulsacyjnie, aż powstanie kruszonka. Wysyp na jabłka, piecz 15–20 minut, aż wierzch zrumieni się, a jabłka będą wrzały. Możesz podawać gorące lub tylko ciepłe. Przechowuj w lodówce do 2 dni.

SKŁADNIKI ODŻYWCZE W PORCJI
Białko 6,8 g, **Węglowodany** 32,1 g, w tym cukry 27,3 g, **Tłuszcze** 24,4 g, w tym nasycone 7,2 g, **Kaloryczność** 368 kcal

WARTOŚCI ZDROWOTNE
Jabłka są bogate w polifenole – przeciwutleniacze – które uważa się za pomocne w wyrównywaniu poziomu cukru we krwi i zmniejszaniu skoków poziomu glukozy. Dostarczają również rozpuszczalnego błonnika, w tym pektyny, pomagającej w wydalaniu tłuszczy i cholesterolu z organizmu.

Pieczony sernik cytrynowy

Ten kremowy sernik, przygotowany bez przetworów mlecznych, zawiera niewiele cukru, ale za to dużo protein i izoflawonów. Słodycz zapewnia mu niewielki dodatek cukru brzozowego (ksylitolu) i kilku daktyli, a podaje się go z bogatym w przeciwutleniacze sosem z owoców jagodowych. Choć wydaje się daniem dla łakomczuchów, jest zdrowym deserem, odpowiednim również do podejmowania gości.

NA 8 porcji
PRZYGOTOWANIE: 15 minut
PIECZENIE: 45 minut plus studzenie

- 60 g (¼ szklanki) roztopionego masła lub roztopionego oleju kokosowego plus dodatkowy do natłuszczenia
- 150 g ciastek owsianych bez cukru, zwykłych lub bezglutenowych
- 90 g (1 szklanka) wiórków kokosowych
- 60 g (⅓ szklanki) suszonych daktyli bez pestek
- starta skórka i sok z 1 cytryny

Masa tofu

- 500 g tofu, jedwabistego lub twardego
- starta skórka z 4 cytryn i sok z 1 cytryny
- 60 g (⅓ szklanki) ksylitolu (cukru brzozowego)
- 3 żółtka
- 30 g (¼ szklanki) skrobi kukurydzianej

Sos z owoców jagodowych

- 1 łyżka skrobi kukurydzianej
- 250 g (2 szklanki) mieszanych owoców jagodowych, świeżych lub mrożonych

1 Rozgrzej piekarnik do temperatury 180°C. Lekko natłuść tortownicę o średnicy 20 cm. Włóż ciastka owsiane razem z wiórkami kokosowymi do miksera, zmiksuj pulsacyjnie na drobne kruszyny. Dodaj masło, daktyle, skórkę i sok z cytryny. Miksuj, aż powstanie lepkie ciasto, następnie przełóż łyżką do tortownicy i rozłóż na dnie.

2 Wszystkie składniki masy włóż do miksera, gładko zmiksuj. Wylej na spód owsiany, wstaw do piekarnika, piecz 35–40 minut, aż stężeje. Wyłącz piekarnik, zostaw w nim ciasto do wystygnięcia na 30 minut.

3 W tym czasie przygotuj sos. Wymieszaj skrobię kukurydzianą z 2 łyżkami wody. Jagody włóż do rondelka, dodaj skrobię z wodą, wolno gotuj 1–2 minuty, mieszając, aż zgęstnieje. Odstaw do ostygnięcia. Podawaj sernik z sosem. Przechowuj w lodówce do 2 dni.

SKŁADNIKI ODŻYWCZE W PORCJI

Białko 9,4 g, **Węglowodany** 33,1 g, w tym cukry 15,8 g, **Tłuszcze** 22,1 g, w tym nasycone 14,4 g, **Kaloryczność** 359 kcal

WARTOŚCI ZDROWOTNE

Tofu i jajka są bogate w białko, a ubogie w cukry. Owoce jagodowe są dobrym źródłem odżywczych substancji roślinnych, w tym związków chemicznych chroniących przed nowotworami, jak kwas elagowy (najobficiej występujący w truskawkach i malinach) oraz antocyjanów (najwięcej w czarnych jagodach).

Ciasto migdałowe z cytrusami

Dzięki pomarańczom ten wilgotny deser nabiera lekko cierpkiego smaku. Można podawać go zarówno na ciepło, jak i na zimno, z dodatkiem jogurtu sojowego lub naturalnego i cząstkami pomarańczy lub innych owoców. Oliwa natomiast, bogata w kwasy tłuszczowe omega-9, jest znakomitym sposobem, by wzbogacić dietę w zdrowe tłuszcze działające przeciwzapalnie, a zastosowanie migdałów zamiast mąki wyklucza gluten i zapewnia więcej białka.

NA 12 porcji
PRZYGOTOWANIE: 10 minut
PIECZENIE: 2 godziny i 20 minut plus studzenie

2 pomarańcze, wymyte
3 łyżki oliwy plus dodatkowa do natłuszczania
starta skórka z 1 cytryny
4 jajka
60 g (⅓ szklanki) ksylitolu (cukru brzozowego)
250 g (2½ szklanki) mielonych migdałów
½ łyżeczki soli morskiej
1 łyżeczka sody oczyszczonej
świeże owoce, do podania, ewentualnie

1 Ugotuj pomarańcze w całości, 1½ godziny lub aż będą miękkie. Rozgrzej piekarnik do temperatury 180°C, natłuść okrągłą formę do ciasta o średnicy 23 cm.
2 Ugotowane pomarańcze włóż do blendera lub miksera, zmiksuj na gładko. Dodaj skórkę z cytryny, jajka, ksylitol, oliwę, migdały, sól i sodę, zmiksuj pulsacyjnie, aż masa dobrze się wymiesza. Wlej ciasto do przygotowanej formy.
3 Piecz 45–50 minut, aż patyczek wbity w środek ciasta będzie suchy. Przed wyjęciem zostaw ciasto, by ostygło w formie. Podawaj ze świeżymi owocami, według gustu. Przechowuj w lodówce, owinięte folią, do 3 dni lub w zamrażarce do 3 miesięcy.

SKŁADNIKI ODŻYWCZE W PORCJI
Białko 6,7 g, **Węglowodany** 7,9 g, w tym cukry 7,2 g, **Tłuszcze** 15,8 g, w tym nasycone 1,8 g, **Kaloryczność** 193 kcal

WARTOŚCI ZDROWOTNE
Dzięki użyciu całych pomarańczy razem ze skórką zachowują się flawony, które w cytrusach koncentrują się w skórce i białej podściółce. Uważa się, że te substancje roślinne silnie działają przeciwko wielu rodzajom nowotworów.

Lody z zielonej herbaty

NA 6 porcji
PRZYGOTOWANIE: 10 minut plus mrożenie 2 godziny

- 115 g (¾ szklanki) nerkowców
- 30 g (¼ szklanki) odżywki białkowej, bez dodatków lub o smaku waniliowym (np. z serwatki lub ryżu), ewentualnie
- 200 ml (niepełna 1 szklanka) wody z kokosa lub zwykłej
- 1 łyżka miodu, zwykłego lub manuka, ewentualnie
- 3 listki mięty
- 1 łyżeczka japońskiej zielonej herbaty matcha w proszku
- 4 banany, pokrojone w plastry i zamrożone

1 Włóż wszystkie składniki z wyjątkiem bananów do blendera lub miksera, zmiksuj na gładki krem. Dodaj banany i zmiksuj. Podawaj od razu albo zamroź. Przechowuj w zamrażarce do 3 miesięcy, przed podaniem odstaw, by lody nieco zmiękły.

SKŁADNIKI ODŻYWCZE W PORCJI
Białko 6,8 g, **Węglowodany** 23,7 g, w tym cukry 17,9 g, **Tłuszcze** 10,1 g, w tym nasycone 2 g, **Kaloryczność** 214 kcal

WARTOŚCI ZDROWOTNE
Matcha jest wyjątkowo bogata w antyutleniacze, wśród których są silnie działające katechiny. Zielona herbata obfituje również w L-teaninę, aminokwas wzmacniający uczucie relaksu i dobry nastrój przez wytwarzanie fal alfa w mózgu.

Superowocowy sorbet jogurtowy

NA 4 porcje
PRZYGOTOWANIE: 5 minut plus mrożenie 3 godziny

- 200 g (¾ szklanki) jogurtu naturalnego, sojowego lub kokosowego
- 1–2 łyżki jagód açai w proszku, ewentualnie
- 125 g (¾ szklanki) truskawek
- 125 g (1 szklanka) malin
- 225 g (1 szklanka) wiśni bez pestek, świeżych lub mrożonych

1 Włóż wszystkie składniki do blendera lub miksera, zmiksuj na gładko. Wlej do płaskiego pojemnika do zamrażania, wstaw do zamrażarki na 2–3 godziny, aż stężeje. Wyjmij z zamrażarki na 30 minut przed podaniem, by sorbet nieco odtajał. Przechowuj w zamrażarce do 3 miesięcy.

SKŁADNIKI ODŻYWCZE W PORCJI
Białko 4 g, **Węglowodany** 12,2 g, w tym cukry 11,5 g, **Tłuszcze** 5,3 g, w tym nasycone 3,4 g, **Kaloryczność** 110 kcal

WARTOŚCI ZDROWOTNE
Naturalny jogurt probiotyczny wspomaga układ odpornościowy i trawienny. Ewentualna domieszka jagód açai w proszku zapewnia dodatkowe walory przeciwutleniające.

Orzeźwiający i dający ochłodę sorbet wzbogaca dietę w zdrowe przeciwutleniacze.

Mus z awokado z limonką

W tym kwaśnawym i orzeźwiającym prostym deserze z cytrusowym aromatem sok z limonki łączy się z kremowym awokado i słodkimi daktylami, tworząc wspaniały, a także zdrowy mus. Jego zalety to zawartość dobrych tłuszczów, witamin E i C, beta-karotenu i innych odżywczych substancji roślinnych. Mus można przygotować wcześniej i do momentu podania przechowywać schłodzony.

NA 4 porcje
PRZYGOTOWANIE: 5 minut plus chłodzenie 1–2 godziny

2 całe limonki
sok z 2 limonek
2 dojrzałe awokado, obrane i bez pestek
125 g (⅔ szklanki) suszonych daktyli bez pestek
1 łyżka miodu, zwykłego lub manuka, ewentualnie
2 łyżki niesłodzonych wiórków kokosowych, do podania

1 Ostrym nożykiem zetnij paskami skórkę z limonki, usuń białą wyściółkę. Skórkę odłóż. Włóż limonki i pozostałe składniki do blendera lub miksera, zmiksuj na gładki krem.

2 Rozłóż krem do 4 miseczek, przed podaniem wstaw na 1–2 godziny do lodówki, by się schłodził. Odłożoną skórkę potnij na cienkie paseczki, udekoruj mus. Przed podaniem posyp wiórkami kokosowymi. Przechowuj w lodówce przez 1 dzień.

SKŁADNIKI ODŻYWCZE W PORCJI
Białko 2,5 g, **Węglowodany** 21,4 g, w tym cukry 21,2 g, **Tłuszcze** 13 g, w tym nasycone 4,8 g, **Kaloryczność** 213 kcal

WARTOŚCI ZDROWOTNE
Awokado zawiera witaminy z grupy B, w tym kwas foliowy i B_6. Dodany ewentualnie miód manuka jest dobrze znany ze swoich właściwości przeciwbakteryjnych i przeciwgrzybicznych. Stosuje się go do łagodzenia bólu gardła, wrzodów i ran. Podtrzymuje on także poziom energii i wspomaga trawienie. Aktywny składnik miodu manuka, którego nie zawierają inne miody, jest nazywany UMF (*unique manuka factor*).

Ciasto bananowo-herbaciane

NA 1 ciasto, 10 porcji
PRZYGOTOWANIE: 15 minut
PIECZENIE: 45 minut plus studzenie

125 g (½ szklanki) roztopionego niesolonego masła lub oleju kokosowego, plus dodatkowy do natłuszczenia
150 g (1 szklanka) razowej mąki typu self-raising* (z dodatkiem środka spulchniającego) lub mieszanki mąk bezglutenowych z dodatkiem ½ łyżeczki gumy ksantanowej albo proszku do pieczenia
2 łyżeczki zielonej herbaty matcha w proszku lub 1 łyżka zmielonych listków zielonej herbaty
2 łyżeczki proszku do pieczenia
1 łyżeczka cynamonu
3 łyżki mielonego siemienia lnianego
4 łyżki wiórków kokosowych
90 g (½ szklanki) suszonych moreli, posiekanych
3 banany, rozgniecione
2 jajka
50 g (⅓ szklanki) ksylitolu (cukru brzozowego)

---

* mąka typu self-raising zawiera 3 g proszku na 100 g mąki.

Bogata w przeciwutleniacze wersja lubianego ciasta, do którego dodajemy matcha, sproszkowaną zieloną herbatę. Ten przepis zawiera dużo mniej cukru, niż tradycyjnie dodaje się do ciast, a zamiast niego świeże i suszone owoce.

1 Rozgrzej piekarnik do temperatury 180°C, następnie natłuść i wyłóż papierem do pieczenia formę keksową o pojemności 450 g. Przesiej razem do miski mąkę, matcha, proszek do pieczenia i cynamon, dosyp otręby ewentualnie pozostałe na sicie. Dodaj siemię, 2 łyżki wiórków kokosowych i posiekane morele, wymieszaj.

2 Wlej roztopione masło do blendera lub miksera, dodaj banany, jajka i ksylitol, zmiksuj na gładko. Dodaj mieszankę z mąką, dobrze wymieszaj. Przełóż ciasto do formy, posyp resztą wiórków kokosowych.

3 Piecz 40–45 minut, aż skórka będzie twarda i rumiana, a wbity patyk będzie suchy. Jeśli wierzch zbyt mocno się rumieni, przykryj folią aluminiową. Po upieczeniu zostaw ciasto na 10 minut w formie, by nieco przestygło, następnie wyłóż na drucianą kratkę, by całkowicie wystygło przed podaniem. Przechowuj w lodówce, owinięte, do 3 dni lub w zamrażarce do 1 miesiąca.

SKŁADNIKI ODŻYWCZE W PORCJI
Białko 5,8 g, **Węglowodany** 24,2 g, w tym cukry 13,9 g, **Tłuszcze** 15,1 g, w tym nasycone 8,4 g, **Kaloryczność** 247 kcal

WARTOŚCI ZDROWOTNE
Jedzenie matcha – całego liścia zielonej herbaty – pozwala wykorzystać wszystkie zalety zawartych w niej przeciwutleniaczy. Zastosowanie mąki razowej i mielonego siemienia lnianego to dodatek takich składników odżywczych, jak lignany, kwasy tłuszczowe omega-3 i rozpuszczalny błonnik. Witaminy z grupy B, magnez i selen utrzymują odpowiedni poziom energii.

Pełnoziarnista i wilgotna wersja bardzo lubianego ciasta do popołudniowej herbaty.

Pożywna propozycja, gdy czujesz się zmęczony i masz ochotę na coś słodkiego.

Placek czekoladowy z burakami

NA 10 porcji
PRZYGOTOWANIE: 10 minut
PIECZENIE: 30 minut plus stygnięcie

60 g (¼ szklanki) masła lub oleju kokosowego, plus dodatkowy do natłuszczenia
250 g gorzkiej czekolady bez dodatku mleka
3 łyżki ksylitolu (cukru brzozowego)
4 jajka
1 duży burak (ok. 150 g), ugotowany i grubo posiekany
100 g (1 szklanka) mielonych migdałów
szczypta soli morskiej
½ łyżeczki cynamonu
½ łyżeczki sody oczyszczonej
60 g (½ szklanki) orzechów włoskich, wyłuskanych i posiekanych
30 g (⅓ szklanki) płatków migdałów

Ten placek jest podobny do czekoladowego brownie, ale dużo zdrowszy i wręcz idealny, by podnieść malejący poziom energii. Kawałeczki buraka w połączeniu z orzechami nadają smaku i konsystencji.

1 Rozgrzej piekarnik do temperatury 180°C, natłuść i wyłóż papierem płaską blachę do pieczenia o wymiarach 20 × 30 cm. Włóż do rondelka czekoladę i masło, wsyp ksylitol, postaw na małym ogniu, by się roztopiły. Jajka i pokrojony burak włóż do blendera lub miksera, zmiksuj na gładko.

2. Wsyp do miski mielone migdały. Dodaj roztopione masło z czekoladą, buraka zmiksowanego z jajkami i pozostałe składniki z wyjątkiem płatków migdałów. Dobrze wymieszaj.

3. Wlej ciasto do formy, wierzch posyp płatkami migdałów. Piecz 20–25 minut, aż stężeje i się zrumieni. Zostaw w formie, aż wystygnie, a następnie pokrój na kawałki i podawaj. Przechowuj do 4 dni w szczelnym pojemniku w lodówce lub do 1 miesiąca w zamrażarce.

SKŁADNIKI ODŻYWCZE W PORCJI

Białko 7,7 g, **Węglowodany** 21,1 g, w tym cukry 20,6 g, **Tłuszcze** 26,6 g, w tym nasycone 11 g, **Kaloryczność** 349 kcal

WARTOŚCI ZDROWOTNE

Migdały i orzechy zwiększają zawartość białka, co pomaga wyrównać poziom cukru we krwi. Dostarczają także zdrowych tłuszczów, witamin i minerałów, w tym manganu, witaminy E, wapnia i magnezu. Buraki obfitują w składniki odżywcze chroniące przed rakiem, w tym antyutleniacze, takie jak betalainy, które, jak wykazano, zmniejszają rozrost komórek guzów nowotworowych.

Wytrawne chrupki z jarmużu z cebulą

NA 8 porcji
PRZYGOTOWANIE: 10 minut
GOTOWANIE: 20 minut plus stygnięcie

- olej, do natłuszczenia
- 200 g jarmużu, bez ogonków, pokrojonego w duże kawałki
- 60 g (⅓ szklanki) nerkowców
- 2 łyżki drożdży odżywczych w płatkach lub 1 łyżeczka suszonego czosnku
- 1 mała cebula, grubo posiekana
- ½ łyżeczki kurkumy
- 2 łyżki octu jabłkowego
- 1 łyżeczka soli morskiej

Choć te zdrowe chrupki z jarmużu mają smak sera, to w rzeczywistości nie zawierają produktów mlecznych, a swój aromat zawdzięczają płatkom drożdżowym. Dzięki dodatkowi kurkumy nabierają złotego odcienia i zyskują zawartość kurkuminy chroniącej przed rakiem.

1 Rozgrzej piekarnik do temperatury 180°C, natłuść olejem dwie blachy do pieczenia. Włóż jarmuż do dużej miski. Pozostałe składniki włóż do blendera lub miksera i zmiksuj na gęsty sos. Jeśli konieczne, dodaj 1–2 łyżki wody, by go rozcieńczyć.

2 Wylej sos na kawałki jarmużu, wymieszaj dłońmi tak, by liście pokryły się sosem. Rozłóż na blachach, zachowując odległości między nimi.

3 Piecz 15–20 minut, dwukrotnie obracając, by nabrały chrupkości z obu stron. Wyjmij z piekarnika i odstaw, by wystygły przed podaniem. Przechowuj w szczelnym pojemniku do 3 dni.

SKŁADNIKI ODŻYWCZE W PORCJI

Białko 3,6 g, **Węglowodany** 3,1 g, w tym cukry 1,1 g, **Tłuszcze** 4,2 g, w tym nasycone 0,8 g, **Kaloryczność** 64 kcal

WARTOŚCI ZDROWOTNE

Płatki drożdżowe są dobrym źródłem witamin z grupy B. Jarmuż zawiera przeciwnowotworowe składniki odżywcze, szczególnie glukozynolany, które organizm przetwarza w izotiocyjaniany i które uważane są za chroniące przed nowotworami pęcherza, piersi, okrężnicy, jajnika i prostaty. Jarmuż zawiera także flawonoidy, w tym kemferol i kwercetynę, które mają istotne właściwości przeciwutleniające i przeciwzapalne, wspomagając łagodzenie stanów zapalnych i stresu oksydacyjnego.

Płaskie chlebki z przyprawami

Płaskie chlebki pieczone na sposób bliskowschodni to idealny dodatek do dań typu curry, zup i gulaszów. Są nieco doprawione kminem i mają również tę zaletę dla zdrowia, że dodatkowo zawierają kurkumę.

NA 4 chlebki
NA 8 porcji
PRZYGOTOWANIE: 25 minut plus wyrastanie ciasta 1 godzina i 15 minut
PIECZENIE: 10 minut plus stygnięcie

- 1 łyżka nasion kminu
- 15 g suchych drożdży
- 1 łyżka surowego miodu
- 250 g (2 szklanki) białej pszennej mąki chlebowej
- 250 g (1⅔ szklanki) razowej pszennej mąki chlebowej
- 1 łyżeczka soli
- 2 łyżeczki kurkumy
- 2 łyżki oliwy plus dodatkowa do natłuszczenia
- 1 łyżka ziaren sezamu

1 Upraż nasiona kminu na suchej patelni na średnim ogniu aż zaczną pachnieć, następnie rozetrzyj w moździerzu. W kubku rozmieszaj drożdże i miód ze 150 ml (⅔ szklanki) letniej wody, aż się rozpuszczą. Odstaw na 10 minut lub aż mieszanka zacznie lekko się pienić.

2 Wsyp mąki, kurkumę, sól i kmin do dużej miski. Powoli wlewaj rozpuszczone drożdże. Dodaj 150 ml (⅔ szklanki) letniej wody i oliwę, zarób miękkie ciasto. Wyrabiaj 5 minut lub aż stanie się gładkie.

3 Przełóż ciasto do natłuszczonej miski, przykryj folią do żywności. Odstaw na godzinę lub aż podwoi objętość. Rozgrzej piekarnik do temperatury 220°C.

4 Podziel ciasto na 4 części. Każdą rozwałkuj na owalny placek grubości 2 cm. Posmaruj odrobiną wody i posyp sezamem. Chlebki piecz w piekarniku bezpośrednio na ruszcie 7–10 minut, aż urosną. Przełóż na drucianą kratkę, by przestygły, podawaj ciepłe lub zostaw, by całkiem wystygły. Przechowuj owinięte w lodówce do 3 dni lub w zamrażarce przez miesiąc.

SKŁADNIKI ODŻYWCZE W PORCJI

Białko 16,1 g, **Węglowodany** 86,7 g, w tym cukry 6,5 g, **Tłuszcze** 9,2 g, w tym nasycone 1,4 g, **Kaloryczność** 493 kcal

WARTOŚCI ZDROWOTNE

Mieszanka mąki białej i razowej poprawia właściwości odżywcze chlebków i zwiększa zawartość błonnika. Kurkuma zawiera kurkuminę, która posiada właściwości przeciwzapalne i chroni przed nowotworami.

Wsparcie dla ciała w czasie terapii

Czy to w połączeniu z terapią medyczną, czy samodzielnie, dobre odżywianie może pomóc w powrocie do zdrowia. Właściwa dieta potrafi również przynieść ulgę w przypadku niektórych częstych skutków ubocznych, czy to choroby, czy też terapii. Pewne rodzaje pokarmów i ziół wprowadzone do posiłków mogą pomagać w przetrwaniu leczenia i wspierać rekonwalescencję. W tym rozdziale znajdziecie przepisy na dania, które pomogą wam przeciwdziałać symptomom nudności, utraty apetytu, wagi, niskiej odporności, zmęczeniu i problemom trawiennym. Doładujcie energię z pomocą napoju energetycznego z trawą pszeniczną, przegryźcie ciastka migdałowe z imbirem i czekoladą, by łatwiej opanować mdłości, albo wzmocnijcie swoją odporność wspaniałą sałatką makaronową z szalotkami i grzybami shiitake.

Po lewej: Zupa z kurczaka z imbirem i miso (strona 146/147)
Powyżej: Ciastka migdałowe z imbirem i czekoladą (strona 140/141)

Sok warzywny z imbirem ▸

NA 2 szklanki po 250 ml każda
PRZYGOTOWANIE: 5 minut

2 marchwie, obrane
½ ogórka
2 łodygi selera naciowego
1 cytryna, obrana
3 jabłka, usunięte gniazda nasienne
2 cm świeżego imbiru, obranego
kostki lodu, ewentualnie do podania

1 Wyciśnij sok ze wszystkich składników w elektrycznej sokowirówce. Dobrze wymieszaj i podawaj z lodem według gustu. Należy pić od razu.

SKŁADNIKI ODŻYWCZE W PORCJI
Białko 2 g, **Węglowodany** 19 g, w tym cukry 18,9 g, **Tłuszcze** 0,6 g, w tym nasycone 0,1 g, **Kaloryczność** 91 kcal

WARTOŚCI ZDROWOTNE
Ogórek ma znakomite właściwości nawilżające i zawiera lignany, które mogą być skuteczne przeciw pewnym typom nowotworów. Mikroelementy potas i sód, które znajdują się w selerze, odgrywają ważną rolę w regulowaniu poziomu płynów w organizmie.

Gazpacho

NA 1 szklankę 250 ml
PRZYGOTOWANIE: 5 minut

3 pomidory dojrzałe na gałązce
½ ogórka
1 łyżka posiekanych listków kolendry
½ ząbka czosnku, posiekane
szczypta pieprzu cayenne lub do smaku
¼ łyżeczki mielonego kminu
1 łyżka oleju lnianego
1 łyżka soku z limonki
1 dojrzała gruszka, obrana i posiekana
1 łyżka ziaren lub orzechów, do podania

1 Włóż wszystkie składniki do blendera lub miksera i zmiksuj na gładki mus. W razie potrzeby dodaj nieco wody. Gazpacho należy wypić od razu lub przechować w lodówce 1 dzień. Podawaj posypane łyżką ziaren lub orzechów.

SKŁADNIKI ODŻYWCZE W PORCJI
Białko 6,4 g, **Węglowodany** 23,6 g, w tym cukry 21,8 g, **Tłuszcze** 12,4 g, w tym nasycone 1,7 g, **Kaloryczność** 237 kcal

WARTOŚCI ZDROWOTNE
Utrzymanie właściwego nawodnienia i odżywienia jest bardzo ważne dla panowania nad mdłościami. Ten koktajl obfituje w elektrolity – sód i potas – które mogą pomagać w ustabilizowaniu żołądka i pobudzeniu energii.

Imbir to wspaniały naturalny środek łagodzący zaburzenia trawienia i nudności.

Niewielkie kęsy smakołyku bogatego w proteiny złagodzą uczucie mdłości.

Ciastka migdałowe z imbirem i czekoladą

Te miękkie ciastka będą świetną przekąską, gdy dokuczają mdłości lub brak apetytu. Doskonałe połączenie imbiru i czekolady czyni je szczególnie apetycznymi.

NA 12 ciastek
PRZYGOTOWANIE: 10 minut
PIECZENIE: 15 minut plus stygnięcie

300 g (3 szklanki) mielonych migdałów
2 łyżeczki mielonego imbiru
2 cm świeżego imbiru, obranego i drobno startego
½ łyżeczki soli morskiej
½ łyżeczki sody oczyszczonej
175 g kropelek z gorzkiej czekolady
50 g (¼ szklanki) masła orzechowego z migdałów lub pasty tahini
80 g (⅓ szklanki) roztopionego masła lub roztopionego oleju kokosowego
2¾ łyżki surowego miodu

1 Rozgrzej piekarnik do temperatury 190°C, wyłóż blachę papierem do pieczenia. Wsyp mielone migdały do miski, dodaj mielony i świeży imbir, sól, sodę i kropelki czekoladowe.

2 Wymieszaj razem pozostałe składniki, wlej do miski z migdałami, dobrze wymieszaj.

3 Uformuj z ciasta 12 kulek, następnie rozpłaszcz, formując okrągłe ciastka. Ułóż na blasze, piecz 12–15 minut, aż zrumienią się na złoto. Po wyjęciu z piekarnika pozostaw na 5 minut na blasze, by przestygły, następnie przełóż na drucianą kratkę, zostaw, aż całkiem wystygną. Przechowuj w szczelnym pojemniku do 1 tygodnia lub w zamrażarce do 1 miesiąca.

SKŁADNIKI ODŻYWCZE W JEDNYM CIASTKU

Białko 6,9 g, **Węglowodany** 14,3 g, w tym cukry 13,5 g, **Tłuszcze** 27,2 g, w tym nasycone 9,7 g, **Kaloryczność** 329 kcal

WARTOŚCI ZDROWOTNE

Duża zawartość protein w tych ciastkach może pomóc w stabilizowaniu poziomu cukru we krwi, a to może także przynieść ulgę przy nudnościach. Migdały są dobrym źródłem magnezu, dobroczynnego dla układu nerwowego, a zawierają także mangan, miedź i ryboflawinę (witaminę B_2), składniki wspomagające produkcję energii.

Wzmacniający szejk jagodowy z awokado

NA 2 szklanki po 250 ml każda
PRZYGOTOWANIE: 5 minut

60 g (⅓ szklanki) migdałów
1 łyżka wyłuskanych ziaren konopi lub mielonego siemienia lnianego
30 g (¼ szklanki) odżywki białkowej z serwatki o smaku waniliowym, ewentualnie
1 dojrzałe awokado, obrane i bez pestki
150 g (niepełna 1 szklanka) świeżych lub mrożonych jagód, plus ewentualnie dodatkowe do podania
300 ml (1¼ szklanki) wody z kokosa lub zwykłej
115 ml (½ szklanki) mleczka kokosowego
115 ml (½ szklanki) soku jabłkowego
2 łyżeczki surowego miodu lub miodu manuka, ewentualnie
1 łyżeczka proszku z kory wiązu amerykańskiego (*slippery elm*), ewentualnie
1 łyżeczka oleju kokosowego, ewentualnie
2 łyżeczki kakao w proszku lub wiórków ziarna kakaowego

Ten odżywczy koktajl jagodowy obfituje w zdrowe tłuszcze, białko, witaminy i minerały, a do tego ma gładką konsystencję dzięki dodatkowi awokado i mleczka kokosowego. Najlepiej przygotuj go rano i popijaj po trochu w ciągu dnia, by pomóc organizmowi w utrzymaniu poziomu energii.

1. Migdały i ziarna wsyp do blendera lub miksera, bardzo drobno zmiksuj.
2. Dodaj pozostałe składniki, zmiksuj na lekki, kremowy koktajl. Podawaj z dodatkowymi jagodami według gustu. Przechowuj w lodówce 1 dzień.

SKŁADNIKI ODŻYWCZE W PORCJI
Białko 8,1 g, **Węglowodany** 31,8 g, w tym cukry 19,9 g, **Tłuszcze** 26,9 g, w tym nasycone 7,3 g, **Kaloryczność** 399 kcal

WARTOŚCI ZDROWOTNE
Awokado aż pęka w szwach od składników odżywczych, zawiera liczne substancje przeciwzapalne, w tym karotenoidy, flawonoidy, fitosterole, kwasy tłuszczowe omega-3 i jednonienasycone. Fitosterole, które stanowią większość tłuszczów zawartych w awokado, pomagają łagodzić stany zapalne. Kwas oleinowy natomiast pomaga organizmowi wchłaniać karotenoidy i inne substancje rozpuszczalne w tłuszczach. Właśnie dzięki temu niezwykłemu zestawieniu składników przeciwzapalnych i przeciwutleniających awokado ma tak wiele właściwości przeciwnowotworowych.

Różnorodne koktajle znakomicie sprawdzają się w czasie leczenia, ponieważ dostarczają odżywczy posiłek w szklance.

Owsianka z migdałami i gruszkami

NA 4 porcje
PRZYGOTOWANIE: 5 minut
GOTOWANIE: 10 minut

- 200 g (2 szklanki) płatków owsianych, zwykłych lub bezglutenowych
- 2 dojrzałe gruszki, oczyszczone z gniazd nasiennych i posiekane
- 875 ml (3½ szklanki) mleczka migdałowego lub kokosowego
- 2 łyżeczki cynamonu
- 80 g (¾ szklanki) mielonych migdałów
- 100 ml (⅓ szklanki) śmietanki owsianej lub kokosowej
- 2 łyżki mielonego siemienia lnianego
- 1½ łyżki migdałów siekanych lub w płatkach

Owsianka, rozgrzewająca i do tego bogata w białka oraz zdrowe tłuszcze, to wspaniały sposób, by rozpocząć dzień. Migdały i ziarna dostarczają protein, a dodatkowo jeszcze danie wzbogacone jest mleczkiem migdałowym i śmietanką owsianą. Takie pożywienie stanowi świetne, wzmacniające śniadanie, które dostarczy wam energii na cały ranek. Owsiankę można przygotować wcześniej i rano tylko podgrzać z niewielkim dodatkiem mleczka migdałowego.

1 Włóż płatki owsiane do garnka, dodaj gruszki, mleczko i cynamon. Wolno doprowadź do wrzenia, zmniejsz ogień i gotuj 6–7 minut, często mieszając, aż płatki zmiękną i całość się zagęści.

2 Dodaj migdały, śmietankę i siemię, dobrze wymieszaj. Przełóż do miseczek i przed podaniem posyp siekanymi migdałami.

SKŁADNIKI ODŻYWCZE W PORCJI

Białko 13,9 g, **Węglowodany** 54,4 g, w tym cukry 21,4 g, **Tłuszcze** 29,9 g, w tym nasycone 9,3 g, **Kaloryczność** 542 kcal

WARTOŚCI ZDROWOTNE

Gruszki dostarczają naturalnej słodyczy, jednocześnie mają niski indeks glikemiczny. Obfitują też w rozpuszczalny błonnik, który reguluje poziom cukru we krwi i ułatwia prawidłową pracę przewodu pokarmowego. Dodatek migdałów zapewnia natomiast źródło protein i przeciwrakowych mikroelementów, takich jak mangan i miedź. Oba te minerały pełnią ważną funkcję w produkcji głównego enzymu bariery antyoksydacyjnej, dysmutazy ponadtlenkowej, która może być pomocna w ochronie przed zniszczeniami powodowanymi przez wolne rodniki.

Batony z nerkowców i ziaren

Takie batony bez pieczenia są łatwe do przygotowania i dostarczają wartościowych składników odżywczych, a także białka. Proteiny pomagają wspierać proces zdrowienia w czasie kuracji, a także utrzymują w dobrym stanie masę mięśniową. Tu znajdują się w orzechach, ziarnach i odżywce. Orzechy zawierają również zdrowe tłuszcze i minerały, takie jak miedź, mangan, wapń i magnez.

NA 8 batonów
PRZYGOTOWANIE: 10 minut plus chłodzenie 1 godzina

175 g (1¼ szklanki) nerkowców
50 g (⅓ szklanki) ziaren sezamu
1 łyżka mielonego siemienia lnianego
30 g (¼ szklanki) odżywki białkowej z serwatki o smaku waniliowym lub wiórków kokosowych
2 łyżeczki dowolnej zielonej superżywności w proszku, np. spiruliny, chlorelli lub młodej trawy jęczmienia, ewentualnie
150 g (¾ szklanki) suszonych moreli
1 łyżka soku jabłkowego, według potrzeb

1 Wyłóż blachę papierem do pieczenia. Wsyp orzechy do blendera lub miksera, grubo zmiel. Przełóż do miski, dodaj sezam i siemię lniane.
2 Wsyp odżywkę proteinową i ewentualnie zieloną superżywność do miksera, dodaj morele, zmiksuj na gęste ciasto. Wlej sok jabłkowy, jeśli to konieczne, by zlepić masę. Przełóż do miski z orzechami i ziarnami, wymieszaj i rękoma zagnieć miękkie ciasto.
3 Wyłóż ciasto na przygotowaną blachę, dłońmi uformuj kwadratowy placek o grubości 2 cm. Włóż do lodówki na 1 godzinę, by masa stężała, następnie pokrój na 8 batonów i podawaj. Przechowuj w lodówce do 1 tygodnia lub w zamrażarce do 1 miesiąca.

SKŁADNIKI ODŻYWCZE W PORCJI
Białko 7,7 g, **Węglowodany** 13,4 g, w tym cukry 9,5 g, **Tłuszcze** 15,6 g, w tym nasycone 2,9 g, **Kaloryczność** 225 kcal

WARTOŚCI ZDROWOTNE
Ewentualne zastosowanie zielonej superżywności w proszku, takiej jak spirulina, chlorella czy młoda trawa jęczmienia, to skuteczny sposób, by zwiększyć dzienne spożycie składników odżywczych. Zielona superżywność jest bogata w chlorofil, ma działanie zasadowe i silnie odtruwające.

Dla dobrego samopoczucia i zdrowienia
nic nie zastąpi domowej zupy z kurczaka.

Zupa z kurczaka z imbirem i miso

W domowej zupie z kurczaka zachowują się wszystkie wartości mięsa i warzyw, nie mówiąc już o wspaniałym, apetycznym aromacie. Ta wersja zawiera działające przeciwzapalnie chili, czosnek i imbir, a także wspomagające odporność grzyby shiitake. Zupę można zamrozić w niewielkich porcjach, co czyni ją wygodnym posiłkiem na czas leczenia.

NA 6 porcji
PRZYGOTOWANIE: 15 minut
GOTOWANIE: 2 godziny i 20 minut

1 kurczak o wadze 1–1,3 kg
1 łyżeczka ziaren czarnego pieprzu
6 cm świeżego imbiru, obranego i pokrojonego w plastry
1 duża cebula, pokrojona na ćwiartki
4 ząbki czosnku, rozgniecione
2 łyżki tajskiego sosu rybnego lub według gustu
garść listków szpinaku lub 1 kapustka pak choi
300 g (3⅓ szklanki) kiełków soi lub fasolki mung
1 czerwona cebula, drobno posiekana
6 grzybów shiitake pokrojonych w plastry
1 czerwona papryczka chili, oczyszczona z nasion i pokrojona wzdłuż, ewentualnie
3 łyżki jagód goji, ewentualnie
sok z limonki, do smaku
1 łyżka pasty jasnego słodkiego miso
listki z 1 pęczka świeżej kolendry

1 Najpierw ugotuj bulion. Włóż kurczaka do dużego garnka, zalej 3 l (12 szklanek) wody. Dodaj pieprz, połowę imbiru, cebulę i 2 ząbki czosnku, doprowadź do wrzenia. Zmniejsz ogień, dodaj sos rybny. Gotuj 1 godzinę lub aż mięso będzie miękkie.
2 Wyjmij kurczaka z bulionu, obierz mięso. Kości włóż z powrotem do zupy, gotuj na małym ogniu jeszcze 1 godzinę. Przecedź bulion, odstaw. Warzywa i kości usuń.
3 Bulion doprowadź do wrzenia, wolno gotuj 10 minut. Dodaj pozostały imbir, mięso kurczaka, szpinak, kiełki soi, czerwoną cebulę, resztę czosnku, grzyby i ewentualnie chili. Gotuj 2–3 minuty, następnie dodaj jagody goji (jeśli używasz), sok z limonki, miso i kolendrę. W razie potrzeby dolej więcej sosu miso, według gustu. Mieszając, gotuj 1 minutę, a następnie podawaj. Przechowuj w lodówce do 3 dni lub w zamrażarce do 1 miesiąca.

SKŁADNIKI ODŻYWCZE W PORCJI
Białko 34,7 g, **Węglowodany** 10,2 g, w tym cukry 7,7 g, **Tłuszcze** 24 g, w tym nasycone 6,4 g, **Kaloryczność** 396 kcal

WARTOŚCI ZDROWOTNE
Kurczak jest znakomitym źródłem lekkostrawnego białka, chroniącej przed rakiem witaminy B_3, niacyny, a także selenu. Jak wynika z badań, selen wpływa na proces naprawy DNA i syntezy w uszkodzonych komórkach, hamuje rozrastanie się nowotworu i podział jego komórek.

Sałatka makaronowa z szalotkami i grzybami shiitake

NA 4 porcje
PRZYGOTOWANIE: 20 minut plus moczenie 15 minut
GOTOWANIE: 30 minut

12 małych szalotek, dużych przekrojonych na pół
1 łyżka oliwy
1 łyżka octu balsamicznego
15 g czerwonych alg atlantyckich dulse
400 g makaronu ryżowego lub z alg brunatnych kelp
12 szparagów
1 czerwona papryka, oczyszczona z nasion i pokrojona w słupki
8 grzybów shiitake, pokrojonych w plastry
świeżo zmielony czarny pieprz

Sos

po 2 łyżki oleju sezamowego i oliwy
po 3 łyżki sosu tamari i octu balsamicznego
szczypta płatków chili, ewentualnie
2 łyżeczki surowego miodu
1 ząbek czosnku, rozgnieciony
1 cm świeżego imbiru, obranego i startego
garść listków kolendry, posiekanych

Makaron ryżowy znakomicie nadaje się do intensywnych sosów balsamicznych, ponieważ dobrze wchłania silne aromaty. Z grzybami shiitake, szparagami i szalotkami tworzy pożywną sałatkę. Algi dulse, warzywo morskie o łagodnym smaku, cechuje bogactwo minerałów. Wystarczy ich zaledwie garstka, ponieważ namoczone zwiększają objętość. Jeśli chcecie dodać trochę protein, możecie wzbogacić sałatkę paskami gotowanego mięsa łososia lub pstrąga.

1 Rozgrzej piekarnik do temperatury 180°C. Ułóż szalotki w naczyniu do pieczenia, skrop oliwą i octem. Piecz 30 minut, aż się zrumienią. W tym czasie namocz algi dulse na 15 minut w wodzie, odcedź i posiekaj.

2 Wymieszaj razem wszystkie składniki sosu. Makaron ryżowy namocz na 3 minuty lub zgodnie z instrukcją na opakowaniu, odcedź, przełóż do dużej miski.

3 Szparagi pokrój skośnie na dwucentymetrowe kawałki, gotuj na parze na dużym ogniu 1 minutę lub aż nieco zmiękną. Odcedź, przelej zimną wodą. Szparagi i szalotki włóż do miski z makaronem, dodaj pozostałe składniki. Polej sosem, wymieszaj. Oprósz pieprzem i podawaj. Przechowuj, bez sosu, w lodówce do 3 dni.

SKŁADNIKI ODŻYWCZE W PORCJI
Białko 7 g, **Węglowodany** 73,5 g, w tym cukry 7,1 g, **Tłuszcze** 11,7 g , w tym nasycone 1,7 g, **Kaloryczność** 462 kcal

WARTOŚCI ZDROWOTNE
Grzyby shiitake mają silne właściwości modulujące odporność, wspierają bowiem pracę komórek odpornościowych w rozpoznawaniu i niszczeniu komórek rakowych. Warzywa morskie – tu algi dulse i ewentualnie makaron z alg kelp – są dobrym źródłem jodu, pierwiastka ważnego w zapobieganiu nowotworom sutka.

Warzywa morskie i grzyby shiitake mają wiele właściwości wzmacniających odporność.

Buraki, ogórek i jabłko pomogą podnieść malejący poziom energii.

Napój energetyczny z trawą pszeniczną

NA 1 szklankę 250 ml
PRZYGOTOWANIE: 5 minut

1 zielone jabłko
1 łodyga selera naciowego
garść szpinaku
1 pęczek świeżej trawy pszenicznej lub kostka mrożonego soku z trawy pszenicznej
½ cytryny
kostki lodu, do podania, ewentualnie

1 Wyciśnij sok ze wszystkich składników w sokowirówce. Podawaj z lodem, według gustu. Najlepiej wypij od razu.

SKŁADNIKI ODŻYWCZE W PORCJI
Białko 4,2 g, **Węglowodany** 9,6 g, w tym cukry 9,1 g, **Tłuszcze** 0,6 g, w tym nasycone 0,1 g, **Kaloryczność** 61 kcal

WARTOŚCI ZDROWOTNE
Młoda trawa pszeniczna zawiera co najmniej 13 witamin (w tym przeciwutleniacze i witaminę B_{12}), minerały i pierwiastki śladowe, w tym selen. Stanowi także kompletne źródło aminokwasów (składników białek). Chlorofil ma prawie taką samą strukturę molekularną jak hemoglobina i pomaga w dotlenieniu organizmu.

◂ Sok buraczany na wytrzymałość

NA 1 szklankę 250 ml
PRZYGOTOWANIE: 5 minut

2 jabłka
1 surowy czerwony burak (około 150 g)
½ ogórka
½ cytryny, obranej

1 Wyciśnij sok ze wszystkich składników w sokowirówce. Zamieszaj i wypij od razu.

SKŁADNIKI ODŻYWCZE W PORCJI
Białko 4,3 g, **Węglowodany** 27,2 g, w tym cukry 26,9 g, **Tłuszcze** 0,6 g, w tym nasycone 0 g, **Kaloryczność** 133 kcal

WARTOŚCI ZDROWOTNE
Badania wykazały, że buraki mogą podnosić w organizmie poziom tlenku azotu, który wpływa na krążenie krwi, poziom hormonów i sygnalizację komórkową.

Zupa zielona energia

NA 4 porcje
PRZYGOTOWANIE: 10 minut
GOTOWANIE: 4 minuty

2 dymki
½ dojrzałego awokado, obranego i bez pestki
2 dojrzałe gruszki, oczyszczone z gniazd nasiennych
¾ ogórka
1 łodyga selera naciowego
2 łyżki soku z cytryny
1 łyżka posiekanych listków mięty plus dodatkowe do podania
60 g młodych listków szpinaku lub rukwi wodnej
2 łyżeczki kminu
szczypta pieprzu cayenne
szczypta soli morskiej
1 łyżka sosu tamari
250 ml (1 szklanka) wody z kokosa, zwykłej lub bulionu warzywnego
świeżo zmielony czarny pieprz
plastry dymki, do podania

Idealny posiłek, gdy czujecie się zbyt zmęczeni, by brać się za gotowanie – lekka, odżywcza, superszybka zupa, którą można podać i na ciepło, i na zimno. Dzięki gruszkom ma naturalną słodycz, która łagodzi silny smak szpinaku, bogatego w składniki odżywcze. Zawiera także warzywa „nawadniające", bogate w elektrolity, szczególnie potas, by utrzymać w równowadze płyny ustrojowe.

1 Włóż wszystkie składniki do blendera lub miksera, zmiksuj na gładko. Jeśli chcesz podać zupę na ciepło, przelej ją do garnka i podgrzej na małym ogniu 3–4 minuty, od czasu do czasu zamieszaj.

2 Przelej zupę do misek, podawaj posypaną posiekaną miętą i dymką, oprósz pieprzem. Przechowuj w lodówce 1 dzień.

SKŁADNIKI ODŻYWCZE W PORCJI

Białko 1,3 g, **Węglowodany** 8,1 g, w tym cukry 8 g, **Tłuszcze** 2,9 g, w tym nasycone 0,5 g, **Kaloryczność** 63 kcal

WARTOŚCI ZDROWOTNE

Szpinak jest dobrym źródłem kwasu foliowego, zawiera także witaminę B_6. Kwas foliowy, witamina B_6 oraz metionina mogą pomagać organizmowi w ochronie i naprawie DNA, a więc odgrywają istotną rolę w hamowaniu rozwoju nowotworu. Witaminy z grupy B są również niezbędne do produkcji energii. Szpinak zawiera też inne roślinne substancje odżywcze i unikalne przeciwrakowe karotenoidy, zwane ksantofilami.

Sałatka z wątróbek drobiowych z sosem z octu jabłkowego

W tej sałatce obfitująca w składniki odżywcze zielenina kontrastuje ze słodkim jabłkiem i chrupiącymi orzechami, a to wszystko podane z wątróbką drobiową i okraszone cierpkim sosem. Jeśli możecie, wybierzcie wątróbkę z ptaków z chowu ekologicznego, która jest dużo zdrowsza.

NA 4 porcje
PRZYGOTOWANIE: 10 minut
GOTOWANIE: 10 minut

100 g (¾ szklanki) wyłuskanych orzechów włoskich lub pekan
400 g wątróbek drobiowych
1 duża sałata rzymska lub inna
2 małe garście rukwi wodnej
1 jabłko, pokrojone w kostkę
2 łodygi selera naciowego, pokrojone w kostkę
2 łyżki posiekanej natki pietruszki
1 łyżka oliwy, masła klarowanego ghi lub oleju kokosowego
sól morska i świeżo zmielony czarny pieprz

Sos z octu jabłkowego
2 łyżki octu jabłkowego
1 łyżeczka musztardy dijońskiej
5 łyżek oliwy

1 Upraż orzechy, mieszając, na suchej patelni na średnim ogniu około 1 minuty, grubo posiekaj. Odstaw. Z wątróbek usuń ścięgna, większe przekrój na pół. Oprósz solą i pieprzem, odstaw.
2 Sałatę i rukiew porwij na kawałki, włóż do miski, dodaj jabłko, seler i natkę. Roztrzep razem wszystkie składniki na sos, dopraw solą i pieprzem. Wylej 1–2 łyżki sosu na sałatkę, lekko wymieszaj. Dodaj orzechy, ponownie wymieszaj, rozłóż na cztery talerze.
3 Rozgrzej oliwę na dużej patelni o grubym dnie na średnim ogniu. Włóż wątróbki, smaż po 3–4 minuty z obu stron, aż zrumienią się na złoto i zetną w środku. Zdejmij z ognia, rozłóż na porcjach sałatki.
4 Na patelnię wylej pozostały sos. Pozwól, by przez kilka sekund wrzał, po czym polej nim sałatkę. Przechowuj w lodówce, bez sosu, 1 dzień.

SKŁADNIKI ODŻYWCZE W PORCJI
Białko 22,9 g, **Węglowodany** 4,5 g, w tym cukry 4,4 g, **Tłuszcze** 33,6 g, w tym nasycone 6,3 g, **Kaloryczność** 412 kcal

WARTOŚCI ZDROWOTNE
Wątróbka drobiowa to pożywienie wyjątkowo bogate w składniki odżywcze, świetne źródło cynku, witamin B_{12} i A, miedzi, selenu i białka, a także dobrego żelaza – szczególnie ważnego do usuwania zmęczenia i pobudzania energii.

Wzmacniacz kokosowo-kakaowy

NA 2 porcje
PRZYGOTOWANIE: 5 minut

2 łyżeczki kakao w proszku, zwykłego lub surowego, albo do smaku
1 łyżeczka korzeni maca w proszku
1 łyżka mielonego siemienia lnianego
250 ml (1 szklanka) mleczka kokosowego
250 ml wody z kokosa lub zwykłej
1 łyżeczka oleju kokosowego, ewentualnie
1 banan
1 łyżka ziaren lub orzechów, do podania

1 Umieść wszystkie składniki w blenderze lub mikserze, zmiksuj na gładko. Wypij od razu lub przechowuj w lodówce 1 dzień. Jeśli chcesz wypić na ciepło, po zmiksowaniu podgrzej na małym ogniu, aż będzie gorący, ale nie doprowadź do wrzenia. Podawaj z łyżką ziaren lub orzechów.

SKŁADNIKI ODŻYWCZE W PORCJI
Białko 4,5 g, **Węglowodany** 28 g, w tym cukry 16 g, **Tłuszcze** 7,3 g, w tym nasycone 3,4 g, **Kaloryczność** 194 kcal

WARTOŚCI ZDROWOTNE
Maca to korzeń peruwiańskiej rośliny, który można kupić w formie proszku. Tradycyjnie używali go Inkowie w celu wzmocnienia organizmu w chwilach stresu. Proszek maca można też dodawać do wypieków.

Krem z papai z szałwią hiszpańską ▸

NA 2 porcje
PRZYGOTOWANIE: 5 minut plus moczenie 15 minut

4 łyżki nasion szałwii hiszpańskiej chia
6 suszonych daktyli bez pestek
90 g (⅔ szklanki) nerkowców
szczypta cynamonu
szczypta soli morskiej
1 dojrzała papaja, obrana, oczyszczona z pestek i pokrojona w plastry
2 łyżki grubych wiórków z kokosa

1 Nasiona chia mocz w wodzie przez 15 minut. Wszystkie składniki z wyjątkiem papai i kokosa włóż do blendera lub miksera, wlej 500 ml (2 szklanki) wody, zmiksuj na gładki krem. Przed podaniem połóż na wierzchu plastry papai i wiórki kokosowe. Przechowuj w lodówce 1 dzień.

SKŁADNIKI ODŻYWCZE W PORCJI
Białko 7,5 g, **Węglowodany** 18,1 g, w tym cukry 6,3 g, **Tłuszcze** 20,2 g, w tym nasycone 6,6 g, **Kaloryczność** 281 kcal

WARTOŚCI ZDROWOTNE
Nasiona chia są bogate w kwasy tłuszczowe omega-3, lekkostrawne białka oraz błonnik. Papaja natomiast zawiera ochronne przeciwutleniacze i enzym trawienny papainę.

Dobre trawienie
to podstawa zdrowia
i dobrego samopoczucia.

Wspaniale aromatyczny i cudownie łagodny dla przewodu pokarmowego.

Kokosowy pudding ryżowy

Dzięki prażeniu w maśle ziarna ryżu nabierają miłego orzechowego posmaku, który znakomicie łączy się z karmelowym aromatem melasy. Dodatek niewielkiej ilości melasy zapewnia deserowi słodycz, a także potas, wapń i żelazo. Ma on także witaminy z grupy B, rozpuszczalny błonnik i zestaw powoli uwalniających się węglowodanów.

NA 6 porcji
PRZYGOTOWANIE: 5 minut
GOTOWANIE: 50 minut plus 5 minut oczekiwanie

2 łyżki masła lub oleju kokosowego
350 g (1⅔ szklanki) brązowego ryżu długoziarnistego
1,25 l (5 szklanek) mleczka kokosowego
1 łyżeczka esencji waniliowej
starta skórka i sok z 1 cytryny plus dodatkowa skórka do posypania, ewentualnie
kawałek cynamonu, przełamany na pół
1 łyżka melasy
1 łyżka mielonego siemienia lnianego
30 g (½ szklanki) wiórków kokosowych plus dodatkowe do posypania, ewentualnie
20 g gorzkiej czekolady (co najmniej 75% kakao), startej, lub 1 łyżka surowych wiórków kakaowych

1. Rozgrzej masło na dużej patelni na średnim ogniu, wsyp ryż. Smaż 2–3 minuty, mieszając, aż ziarna nabiorą orzechowego smaku.
2. Wlej mleczko kokosowe, esencję waniliową, sok z cytryny, dodaj startą skórkę i cynamon. Doprowadź do wrzenia, zmniejsz ogień i gotuj na wolnym ogniu 30 minut, od czasu do czasu zamieszaj.
3. Dodaj melasę, siemię lniane, wiórki kokosowe i większość czekolady, gotuj jeszcze 10–15 minut, ciągle mieszając. Ryż powinien być bardzo miękki, a większość płynu wchłonięta. Zdejmij garnek z ognia, przykryj i odstaw na 5 minut. Podawaj deser na ciepło lub na zimno, posypany pozostałą czekoladą, wiórkami i skórką cytrynową, według gustu. Jeśli wolisz, możesz też dodać całą czekoladę na początku punktu 3. Przechowuj w lodówce do 2 dni.

SKŁADNIKI ODŻYWCZE W PORCJI

Białko 5,4 g, **Węglowodany** 57,7 g, w tym cukry 13,8 g, **Tłuszcze** 9,9 g, w tym nasycone 6,5 g, **Kaloryczność** 342 kcal

WARTOŚCI ZDROWOTNE

Zawarty w ryżu rozpuszczalny błonnik łagodnie wpływa na przewód pokarmowy i przynosi ulgę w biegunkach i zaparciach. Mleczko kokosowe i olej kokosowy są źródłem kwasu laurynowego wzmacniającego odporność, a także kwasu kaprylowego wspomagającego jelita.

Włoskie krakersy z dipem fasolowym

NA 6 porcji
PRZYGOTOWANIE: 15 minut
GOTOWANIE 45 minut plus studzenie

50 g (⅓ szklanki) migdałów
250 g (1½ szklanki) siemienia lnianego
1 czerwona papryka, oczyszczona z nasion i posiekana
1 pomidor, posiekany
1 jajko
starta skórka i sok z ½ cytryny
60 g (½ szklanki) czarnych oliwek bez pestek
1 łyżka posiekanych listków bazylii
sól morska i świeżo zmielony czarny pieprz

Dip fasolowy
400 g (2 szklanki) fasoli cannellini z puszki, osączonej i przepłukanej
1 łyżeczka kurkumy
2 ząbki czosnku
½ łyżeczki mielonego kminu
1 łyżka soku z cytryny
około 2 łyżek oliwy
1 łyżka posiekanej natki pietruszki

Dzięki pieczeniu krakersów w niezbyt gorącym piecu zachowują się w nich kwasy tłuszczowe omega-3. Możesz podawać je jako przekąskę lub lekki posiłek z dipem, który zawiera chroniącą przed nowotworami kurkumę.

1 Rozgrzej piekarnik do temperatury 150°C, blachę do pieczenia wyłóż papierem. Migdały i siemię lniane drobno zmiel w mikserze. Dodaj paprykę i pomidor, miksuj, aż składniki się połączą.
2. Dodaj jajko, skórkę i sok z cytryny, dopraw do smaku solą i pieprzem. Wyrób gęste ciasto. Dodaj oliwki, krótko zmiksuj pulsacyjnie, włóż bazylię, wymieszaj.
3. Używając łopatki i wilgotnych dłoni, wyłóż ciasto na blachę, rozłóż na grubość 5 mm, uformuj kwadrat. Natnij w kartkę, by powstały niewielkie krakersy. Piecz 40–45 minut, aż ciasto się zrumieni i będzie chrupiące.
4. Wszystkie składniki dipu włóż do miksera, lekko dopraw solą i pieprzem. Zmiksuj na gładką pastę. W razie konieczności dolej nieco oliwy.
5. Upieczone ciasto połam na krakersy wzdłuż linii, odstaw do wystygnięcia na drucianej kratce. Podawaj z dipem. Krakersy przechowuj w szczelnym pojemniku do 4 dni, a dip w lodówce do 3 dni.

SKŁADNIKI ODŻYWCZE W PORCJI KRAKERSÓW
Białko 3,3 g, **Węglowodany** 4,4 g, w tym cukry 1,1 g, **Tłuszcze** 7,6 g, w tym nasycone 0,8 g, **Kaloryczność** 95 kcal

SKŁADNIKI ODŻYWCZE W PORCJI DIPU
Białko 2,4 g, **Węglowodany** 4,7 g, w tym cukry 0,5 g, **Tłuszcze** 3,3 g, w tym nasycone 0,5 g, **Kaloryczność** 57 kcal

WARTOŚCI ZDROWOTNE
Błonnik pomaga wspierać pracę układu pokarmowego, co jest szczególnie ważne, by zmniejszyć ryzyko raka jelit.

Ta prozdrowotna przekąska
pomoże ci zachować energię.

Indeks

alkohol 12, 15, 23, 43
angiogeneza 7, 13
antyoksydanty 15
apetyt, utrata 30–31
azjatyckie pulpety z indyka z sosem 75

batony kakaowe z daktylami i lukumą 60
– z nerkowców i ziaren 145
biegunka 31, 33

ciastka migdałowe z imbirem i czekoladą 141
ciasto bananowo-herbaciane 130
– migdałowe z cytrusami 125
ciepła sałatka z bakłażana, warzyw korzeniowych i ciecierzycy 113
ciepła sałatka z soczewicy i fasoli 91
cukry 13, 21, 35, 41

gazpacho 138
geny 14
granola z ziaren mieszanych 56
grillowanie 22

indeks glikemiczny (GI) 13, 27, 40–41
insulinoodporność 13–15, 19

jabłka z kruszonką orzechowo-owsianą 122
jadłospisy 46–47
jajka zapiekane po hiszpańsku 63
japońskie burgery jagnięce z majonezem wasabi 78

kaczka pieczona z octem balsamicznym 100
kalmary z patelni z czerwoną kapustą i orzechami 83
kleisty pudding czekoladowo-malinowy 120
kofeina 23, 33, 43
kokosowy pudding ryżowy 157
korma z indyka z pistacjami 98
kości, zdrowe 42–43
krem rooibos z morelami 53
– z orzechów brazylijskich 53
– z papai z szałwią hiszpańską 154
kremowa zupa kalafiorowa 72
krewetki po sycylijsku 82
kurczak smażony z nerkowcami 94
– z imbirem i umeboshi 97
kwasy tłuszczowe omega-3 12, 19, 26, 35, 38, 44

lody z zielonej herbaty 126

ładunek glikemiczny (GL) 13
łagodne trawienie 52
łosoś w glazurze miso 108
– z sosem vierge 104

makrela doprawiona tamaryndowcem 107
mięso 12, 15, 17–20, 22–23, 29, 32, 44
– przetworzone 12, 20, 22–23, 44
muffinki cynamonowe z siemieniem lnianym i morelami 59
mus z awokado z limonką 129

naczynia krwionośne 13
napój energetyczny z trawą pszeniczną 151
nierównowaga hormonalna 14
nudności 31

okoń morski z oliwkami i pomidorami 103
otyłość 14
owoce 16–18
owrzodzenie jamy ustnej 32
owsianka z migdałami i gruszkami 144

pełne ziarna 12, 16–17, 19, 23, 32, 35, 42, 44
perska miska z quinoa i omega 117
pieczony sernik cytrynowy 123
– tempeh z sosem piperade 110
placek czekoladowy z burakami 133
pleśniawki 32
płaskie chlebki z przyprawami 135
podział komórek 14
produkty mleczne 19–20, 23, 32, 42–44
– zamienniki 42–43
proteiny 17–18, 20, 26, 29, 35, 37, 45
przyprawy 13, 16–17, 20, 22–23, 28–29
– naturalne 39–40

remoulade z selerem, jabłkiem i fenkułem 88

sałatka makaronowa z szalotkami i grzybami shiitake 148
– z jarmużu z prażonymi ziarnami 87
– z superzieleniny z kurczakiem i sosem orzechowym 77
– z wątróbek drobiowych z sosem z octu jabłkowego 153
– z wodorostów i ogórka 90
sardynki z pieczonymi pomidorami 65
– zapiekane z limonkami i kokosem 81
sarnina z cytrusową gremolatą 101

soja, produkty 13, 21, 23, 26, 39, 43–45
sok buraczany na wytrzymałość 151
– warzywny z imbirem 138
sól 22
spaghetti z cytryną i brokułami 114
stany zapalne 7, 12–13, 35
stres 7–9, 15, 33–34, 36, 38, 41, 43
– oksydacyjny 7, 15
substancje odżywcze 24–29
– słodzące 41
superowocowy sorbet jogurtowy 126
suplementy 25–26, 29, 35, 45
szaszłyki z tempeh z sosem hoisin 84
szejk z mango i herbaty matcha 51

śliwki w anyżu z kremem orzechowo-imbirowym 55

tłuszcze 12, 17, 19, 21
– trans 12, 21
trawienie 32, 38
trudności z przełykaniem 32
tureckie śniadanie 64

waga 34–35
warzywa 16–18
– strączkowe 19
weganie 40, 44
wegetarianie 18, 44–45, 47
wegetariańskie burgery 116
węglowodany 13, 17, 21, 32 zob. cukry
włoskie krakersy z dipem fasolowym 158
woda 22–23
wolne rodniki 7, 15
wytrawne chrupki z jarmużu z cebulą 134
wzmacniacz kokosowo-kakaowy 154
wzmacniający szejk jagodowy z awokado 142

zaparcia 31, 33
zapiekanka z owoców morza 109
ziarno oczyszczone 21, 23
zielony eliksir 52
zielony szejk konopny 51
zmęczenie 9, 30–31, 34, 37
zmysł powonienia 31
– smaku 31
zupa fasolowa z czosnkiem i pesto 71
– paprykowa z kremem chili 74
– z brokułów i nerkowców 68
– z kurczaka z imbirem i miso 147
– zielona energia 152

żywność ekologiczna 16, 20–22, 26, 42–44